Ein Buch aus dem Verlag

die **PIRSCH**

unsere *Jagd*

BLV JAGD**PRAXIS**

BRUNO HESPELER

WASSERWILD

LEBENSWEISE,
HEGE,
ANSPRECHEN,
BEJAGEN

Bibliografische Information
Der Deutschen Bibliothek

Die Deutsche Bibliothek verzeichnet diese
Publikation in der Deutschen National-
bibliografie; detaillierte bibliografische
Daten sind im Internet über
http://dnb.ddb.de abrufbar.

BLV Verlagsgesellschaft mbH
München Wien Zürich
80797 München

BLV JAGDPRAXIS

© BLV Verlagsgesellschaft mbH,
München 2003

Umschlaggestaltung:
Studio Schübel, München
Titelfoto: Manfred Danegger
Rückseite: Sven-Erich Arndt
Lektorat: Gerhard Seilmeier
Herstellung: Peter Rudolph
Layout und DTP:
Gaby Herbrecht, München
Reproduktionen:
Repro Ludwig, A-Zell am See

Gedruckt auf chlorfrei gebleichtem Papier

Printed in Germany ·
ISBN 3-405-16329-3

Bildnachweis:
Arndt, Hg.: 111, 98 M. li., 89 M. li.
Arndt, S.-E.: 110 o., 20 o., 90
Grimm: 57
Günther: 45*
Hespeler: 5, 24, 26 o., 30, 41, 51, 53, 55,
59, 60, 61, 63, 64, 67, 69, 70* (2), 71,
75*, 83, 87, 89 M. re., 89 u., 93, 94, 101
(Hintergrund), 102, 124 (2), 125
Dr. Hirsch: 48
Hopf: 32, 34, 37*
Leßmann: 118*
Maier: 78, 29*
Marek: 116, 115
Markmann: 97
Mehner: 49
Pum: 92
Schilling: 109 u. r.
Thiermeyer: 73*
Volkmar: 2/3, 107, 98, 119
Volmer: 110 u.
Warter: 113*
Wernicke: 108
Zmölnig: 15, 21 (2), 22 o., 22 M. o.,
22 M. u., 22 u., 23, 26 u., 31*, 65, 89 o.,
109 li.
* Auch im Inhaltsverzeichnis

Illustrationen:
Birte Keil: 10, 11, 12, 13, 18/19, 42/43,
100/101
Helmut Diller: 2, 8, 9
Dr. Jörg Mangold: 80
B. Hespeler: 105

Vorwort 8

Das Wild des Wasserjägers 10

Die Wasservögel 10

Systematik 10
Ihre Anatomie 10
Markenzeichen Schnabel 13
Der Verdauungsapparat 14
Die Schwimmfähigkeit 15
Mauser in Etappen 16
Ihr Zugverhalten 20
Zwischenzüge 25

Fortpflanzung 25

Saisonehen und
Dauerehen 25
Gruppenbalz und
Reihflüge 28
Nistplatzwahl und
Nestbau 28
Über Gelegegröße und
Mischgelege 32

Das Brutgeschäft 33
Die Aufzucht der Jungen 35

Sterblichkeit 38

Gelegeverluste 38
Nässe und Kälte 40
Hecht & Co 40
Gefahr aus der Luft 40

Wege und Irrwege der Entenhege 44

Die Irrwege 44

Überall Bruthütten 44
Fütterung und Kirrung 47
Aussetzen: Weidwerk im Hühnerhof 52
Umgang mit Blässhühnern 54
Rattenfutterkisten 56

Die Wege 57

Stilllegung von Gewässerteilen 57
Anlage von Stillgewässern 58
Auflichtung großer Schilfflächen 63
Entengerechte Pflege von Fließgewässern 66
Gestaltung von Gräben 70
»Feuerlöschteiche« im Wald 71
Aufgelassene Fischteiche anpachten 72
Kopfweidenpflege ist Entenhege 72

Bejagung von Wasservögeln 74

Rund um den Schuss 74

Es wird viel zu weit geschossen 74
Brauchbare Flinten 76
Chokebohrung und Lauflänge 76
Welche Schrote? 76
Problem Bleikontaminierung 82
»Stahlschrote« als Alternative 82

Gedanken zur Jagdzeit 86

Warum so früh beginnen? 86
Warum so spät aufhören? 87
Warum nicht mit den Nachbarn abstimmen? 88

Die Jagdpraxis 91

Im Lagergetreide und auf der Stoppel 91
Decoys im Feld und auf dem Wasser 93
Akustische Entenlocker 94
Amtssprache »Stockentisch« 95
Herbstliche Treiben 97
Wenige Gesellschaftsjagden statt
Dauerstörung 99
Abendeinfall an kleinen
Bächen 102
Die Pirsch am Bach 103
Alleine am kleinen Weiher 106
Gänse an den Äsungsplätzen 107
Morgen- und Abendstrich an
den Ruhegewässern 109
Immer wieder: Zu weit und
zu grob! 112
Lust auf Schwan? 114

Hunde und Nachsuchen 115

Welcher Hund? 115
Stöbern ohne Enten 117
Der Hund als Treiber 120
Der Hund als Begleiter 121
Die Nachsuche 121
Notbehelfe 123

Die Verwertung 124

Aushakeln – Ausnehmen 124
Rupfen oder abbalgen? 125
... oder nur die Brust auslösen? 125

Literaturverzeichnis 126

Stichwortverzeichnis 127

Vorwort

Die durch Jahrzehnte europaweit gestiegenen und sich heute auf hohem Niveau haltenden Streckenzahlen zeigen, dass die Jagd für Enten, Gänse und Blässhühner kein begrenzender Faktor war und ist. Trotzdem ist eine seriöse Aussage über die Zukunft der Wasserjagd kaum zu machen. Der Vogelschutz drängt auf eine Vollschonung aller Entenarten, ausgenommen die Stockente. Gänse sollen ebenfalls ganzjährig geschont werden und höchstens noch in besonders zu begründenden Einzelfällen, etwa wenn die Landwirte all zu arger Schäden wegen rebellieren, per Ausnahmegenehmigung bejagt werden. Woran der deutsche und erst recht der österreichische Jäger heute noch nicht glauben mag, ist bei unseren holländischen Nachbarn bereits Realität. Den extremen Kreisen innerhalb der Vogelschutzbewegung ist das keineswegs genug. Sie fordern nicht mehr und nicht weniger als ein totales Verbot jeglicher Vogeljagd, jeden Kompromiss lehnen sie ab!

Da mag sich mancher Leser fragen, wozu dann überhaupt noch ein Buch über die Wasserjagd geschrieben wird. Die Antwort ist einfach: Weil ich nur retten kann, was ich kenne, und weil ich Polemik des Gegners nur mit Wissen um die Sache und konkreten Vorstellungen über deren Zukunft beantworten kann – nicht mit Gegenpolemik.

Die Entenjagd wie die »Entenhege« findet überdies mehrheitlich unter den Augen der Öffentlichkeit statt. Deren Meinung zur Sache wird durch unser Verhalten in der Praxis viel stärker geprägt als durch den verbalen Schlagabtausch und das manchmal geradezu kindisch anmutende Gezänk zwischen der Jägerschaft einer- sowie Vogel- und Tierschutzes andererseits. Gewiss, steter Tropfen (in den Medien) höhlt den Stein, aber gleichzeitig zeigt die Erfahrung, dass nichts so alt ist wie die Zeitung von gestern. Aber das direkte Erlebnis draußen, etwa wenn die Jäger um einen mit Entenbruthütten möblierten Teich stehen und munter auf futterzahme Enten ballern, das haftet, das gräbt sich beim nichtjagenden Betrachter unauslöschlich ein! Wir Jäger leben nicht mehr im 19. Jahrhundert. Wir leben nicht mehr in der Gefühlswelt unserer Großväter, in der das Tier eine scheinbar gefühl- und schmerzlose Sache war. Dafür treten wir mit hochgesteckten Ansprüchen vor die Öffentlichkeit: nämlich selbst hervorragende Natur-, Vogel- und Tierschützer zu sein. Wir werden unglaubwürdig, wenn wir nicht gleichzeitig die Konsequenzen fürs tägliche jagdliche Handeln ziehen. Wer mit der Zeit geht, wer ihre Gefühle akzeptiert, der gibt noch lange nicht eigene grundsätzliche Positionen auf. Zu diesen gehört die jagdliche Nutzung von Wildtieren, solange diese nicht durch außerjagdliche Entwicklungen oder eben durch die Jagd selbst bedroht sind und so lange ihre Erlegung Sinn macht. Aber Enten und Gänse sind ja nicht nur Objekte der Politik bei Jägern wie bei Vogel- und Tierschützern. Die Jagd auf Wasserwild hat ja auch einen emotionalen Stellenwert. An nebligem Herbstmorgen am Bach zu stehen und auf die von den Feldern zurückkommenden Enten zu warten, das hat für uns seinen Reiz – mehr noch, es hat seinen Zauber. Ich selbst habe mich im eigenen Revier viel über schusshitzige und oft auch disziplinlose Entenjäger geärgert, aber die frühherbstlichen Entenjagden, wenn die Septembersonne hernieder brannte, die Abende schon taukühl waren und das Hochgebirge sich seidig und zum Greifen nah hinter unseren Weihern aufbaute, die gehörten einfach zum Stimmungsvollsten, das mir der alte Beruf bot. Und ganz sicher wird eine Jagdart selbst nicht dadurch schlecht, dass sich ihrer auch schlechte Jäger bedienen!

Wir leben in einer Zeit, in der das Schalenwild das Denken vieler Jäger beherrscht. Für Geweih und Horn wird in alle Welt gefahren; gleichzeitig verliert das Niederwild an Bedeutung. Und wo doch noch in die Niederwildjagd investiert wird, sollen am Ende »relevante« Strecken stehen. Da wird oft gedanklich vermischt, was wirklich Ernte eines natürlich gewachsenen Überschusses und was bereits Produkt weidgrün getarnter Geflügelhöfe ist. Jeder von uns hat seine eigenen und recht privaten, ja gelegentlich intimen jagdlichen Vorstellungen, und – Gott sei Dank – wird es keinem von uns gelingen, die Gefühle und Wertvorstellungen seiner Mitjäger gleichzuschalten. So wird halt auch künftig dem einen die stille Einzeljagd auf Erpel und Ente genug sein, während sich der andere immer noch eifrig die Summe der Strecke notiert und den Wert der Jagd daran misst, welchen Anteil er selbst an dieser Strecke hat. Mag er es auch weiterhin so halten – solange er mit dem Weg zu dieser Strecke die Jagd nicht diskreditiert.

Bruno Hespeler

9

Das Wild
des
Wasserjägers

Die Wasservögel

Systematik

Alle Gänse und Enten gehören zur Ordnung der Entenvögel *(Anseriformes)*, die aus einer einzigen, allerdings in drei Unterfamilien aufgeteilten Familie besteht. Bei uns kommen jedoch nur die Vertreter von zwei Unterfamilien vor: die *Anseridae* (dazu gehören Gänse und Schwäne) und die *Anatidae* (zu der neben den Schwimm- und Tauchenten auch die Brandgans gehört).

Ihre Anatomie

Etwas salopp könnte man alle Entenvögel als »fliegende Amphibienfahrzeuge« bezeichnen, die zu Wasser und in der Luft gleichermaßen gut beweglich sind, bei der Bewegung auf dem Boden aber Defizite aufweisen.

Nasenlöcher • Auge • Topografie der Ente
Oberschnabel
Nagel
Unterschnabel
Rücken
Handschwingen (bei Schwimmenten mit Spiegel)
Handschwingen
Oberschwanzdecken
Brust
Erpellocken
Flanke
Schwanz
Bauch
Unterschwanzdecken
Hinterzehen
Krallen
Schwimmhaut • Zehen

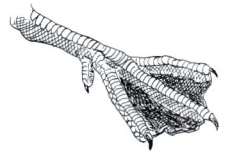 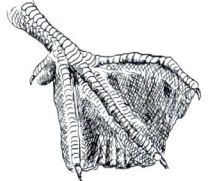 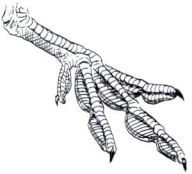

Schwimmente   Tauchente   Blässhuhn

Ihr watschelnder und unsicher wirkender Gang ist durch den weit nach hinten verlegten Ansatz ihrer Beine bedingt, wobei die Beine der *Tauchenten* noch weiter hinten angesetzt sind als jene der *Gründelenten* oder *Gänse*. Kein Wunder, denn Tauchenten benötigen ihre Beine eher selten zur Fortbewegung an Land, da sie ihre Nahrung fast ausschließlich im Wasser suchen. Zusätzlich sind die Beine aller Entenarten proportional zum Gesamtkörper sehr kurz. Dies gilt noch viel mehr für die *Schwäne*.

Alle Entenvögel haben Schwimmhäute zwischen den Zehen. Beim Schwimmen werden die »Ruder« (Beine) mit geschlossenen Zehen nach vorne gezogen, die Schwimmhäute liegen dabei in Falten. Dadurch ist der Wasserwiderstand gering. Vor dem Abschieben nach hinten werden die Zehen gespreizt und somit die Schwimmhäute gespannt. Bei den Schwimmenten sitzt unterhalb der hinteren Zehe ein kleiner Hautlappen, der den Tauchenten fehlt.

Auch beim Tauchen werden die Ruder als Antrieb eingesetzt, während die Schwingen eng am Körper anliegen. Eine Ausnahme bildet der *Mittelsäger*. Er setzt unter Wasser neben seinen Beinen auch die Schwingen als Antrieb ein.

Die *Blässhühner* hingegen bewegen sich an Land wesentlich geschickter und schneller als Enten. Ihre Beine sind nicht ganz so weit hinten angesetzt. Beine und Zehen sind länger als jene der Enten, und vor allem ist die hintere Zehe tief angesetzt. Mit den langen Zehen halten die Rallen auf schwankendem Untergrund das Gleichgewicht und sinken auf weichem Grund wenig ein. Damit erschließen sie sich Nahrungsnischen, die den Enten nur schwer und wenig rentabel zugänglich sind. Zwischen den Zehen fehlen die Schwimmhäute, dafür haben sie jedoch wie die Lappentaucher Hornlappen, die so gebaut sind, dass sie sich beim Vorziehen der Beine zusammenlegen und beim Nach-hinten-Drücken aufstellen.

11

Enten und *Gänse* verfügen über Schwingen, die sie zu schnellen und auch ausdauernden Flügen befähigen. Tagesstrecken von rund 300 km sind kein Problem. Die Flügel der *Gründelenten* sind dabei so gebaut, dass sie ein Aufstehen vom Wasser ohne Anlauf ermöglichen. Tauchenten, Schwäne, Gänse und Blässhühner müssen jedoch zunächst übers Wasser laufen, um genug Luft unter die Schwingen zu bekommen, ehe ihnen das Abheben gelingt. Eine Ausnahme bildet die *Moorente*; sie steht wie die Gründelenten ohne Anlauf direkt aus dem Wasser auf.

Bei Schwimmenten zeigen die Schwanzfedern nach oben. Sie finden ihre Nahrung grasend an Land, schnattern an der Wasseroberfläche oder gründelnd. Sie erheben sich ohne Anlauf vom Wasser in die Luft.

Bei Tauchenten fällt die Rückenlinie hinten völlig ab. Sie suchen ihre Nahrung im Tauchgang, der mit einem kleinen Kopfsprung begonnen wird, und müssen erst übers Wasser laufen, um sich in die Luft zu erheben.

Markenzeichen Schnabel

Die Nahrungsspektren der Entenvögel gehen weit auseinander. Da ist es ganz logisch, dass jeder Art ihr eigener, auf die jeweiligen Nahrungspräferenzen ausgerichteter Schnabel gewachsen ist. Lediglich das Grundmuster ist bei allen Schnäbeln gleich, im Detail unterscheiden sie sich erheblich. Die Schnäbel sich stark herbivor (pflanzlich) ernährender Enten haben zahnartige Hornleisten und/oder relativ wenige Lamellen. Sie müssen ja grüne

Unterschiedliche Schnabeltypen

Pfeifenten grasen gerne an Land und nehmen regelmäßig Getreide auf; hierbei sind kurze, einfache »Grasschnäbel« vorteilhaft.

Blässhühner sind Allesfresser und picken gerne an Land nach Nahrung. Sie haben »Pickschnäbel«.

Eiderenten tauchen und knacken harte Muschelschalen; sie benötigen lange und kräftige Schnäbel, die als Hebel- und Knackwerkzeuge dienen.

Löffelenten haben voluminöse, vorne verbreiterte Schnäbel, mit denen sie das Wasser aufwirbeln, einsaugen und durch die an den Seiten platzierten Lamellenbürsten drücken, welche die im Wasser befindliche Nahrung zurück halten.

Stockenten sind typische Allesfresser und haben mittelgroße mit relativ wenigen Lamellen versehene, kräftige Schnäbel, die so lang sind, dass sich damit auch kräftig im Schlamm wühlen lässt.

Säger sind Fischjäger mit dünnen, flachen Greifschnäbeln, die zum Festhalten der schlüpfrigen Fische mit spitzen Hornzähnen ausgestattet sind.

Pflanzenteile abbeißen oder zumindest gut festhalten und abreißen können. Auch bei den *Gänsen* und mehr noch den *Schwänen* sind die Schnabelscheiden der vegetarischen Lebensweise angepasst. Aus weichen Lamellen wurden Hornzähne. Die zahnartigen Hornleisten ihrer Oberschnäbel greifen über glatte, schneideartige Ränder der Unterschnäbel und ermöglichen die Aufnahme von relativ zäher pflanzlicher Nahrung.

Wer hingegen kleinste Nahrungsteile aus dem Wasser fischen will, braucht auch ein feines »Sieb«. Daher sind die Schnäbel der Planktonnutzer mit vielen und dicht stehenden Lamellen ausgerüstet. Über besonders feine Filter verfügen *Löffel-*, *Krick-* und *Brandente*. Sie benutzen ihre Zunge als Saugpumpe, mit denen sie das Wasser in den nur an der Spitze etwas geöffneten Schnabel ziehen und drücken es dann durch die Lamellen. Bei der Brandente sitzen an der Schnabelspitze grobe, im hinteren Bereich jedoch feine Lamellen.

Mit einer solchen Ausrüstung können Muschel- und Fischfresser nicht viel anfangen. Die Schnäbel der Säger sind daher mit Hornzähnen ausgestattet, die es ermöglichen, sich wehrende und überdies schlüpfrige Kleinfische sicher zu fassen. *Reiher-* und *Tafelenten* müssen die Schalen der Wandermuscheln und Schnecken knacken können.

Der Verdauungsapparat

Enten und Gänse besitzen einen Schlund mit spindelförmiger Erweiterung, die als Sammel- und Transportbehälter und zur Vorverdauung der Nahrung dient. Er ist gewissermaßen aus flugtechnischen Gründen notwendig. Enten haben keinen gewichtsintensiven und stark bemuskelten Kauapparat. Ein solcher würde sie schnell kopflastig machen. Auch ein voluminöser Sammelmagen brächte den »Klipper« Stockente rasch aus der Balance. Enten können aber aus verschiedenen Gründen auch nicht rund um die Uhr kleine Nahrungsmengen aufnehmen, diese schnell verdauen und ausscheiden. Die Lösung ist ein ordentlicher Tank, der auch für Langstreckenflüge ausreicht – eben der »Kropf«! Er ist – wieder aus flugtechnischen Gründen – nahe am Schwerpunkt des »Klippers« platziert. Und aus diesem Tank geht der »Treibstoff«, die gesammelte Nahrung, schubweise in den Verbrennungsraum – den kräftigen aber mit verhältnismäßig kleinem Hohlraum ausgestatteten Muskelmagen.

Dieser ist eigentlich der wichtigste Teil des Verdauungsapparates. In ihm wird die Nahrung mit Hilfe feiner Quarzsteinchen, dem Gritt, zerkleinert.

Gründelenten nehmen eher feineres und Tauchenten eher gröberes Gritt auf. Es finden sich jedoch beispielsweise in Stockentenmägen auch Kieselsteinchen mit einem Durchmesser bis zu 6 mm.

Auch *Blässhühner* benutzen Gritt; bis zu 50% ihres Mageninhaltes kann aus Steinchen, Sand, hartschaligen Samen und Muschelsplittern bestehen.

Arten, die sich vegetarisch ernähren, haben längere Blinddärme als Arten mit überwiegend carnivorer (tierischer) Nahrung. Besonders deutlich wird das bei den Wildgänsen, die sich ja fast rein vegetarisch ernähren; sie haben besonders lange Wurmfortsätze, während die der rein carnivorisch lebenden Säger auffallend kurz sind. Die unterschiedlichen Blinddarmlängen sagen uns also zutreffend, von was sich die Art vorzugsweise ernährt.

Die Schwimmfähigkeit

Entenvögel verbringen die meiste Zeit auf oder im Wasser; sie müssen folglich gut schwimmfähig sein. Um diese Eigenschaft zu erreichen, hat sie die Evolution mit besonders leichten – lufthaltigen – Knochen ausgestattet. Hinzu kommt ihr geringes spezifisches Gewicht, das im wesentlichen durch die im Gefieder enthaltene Luft erreicht wird. Auch die Körperform trägt einiges zur Schwimmfähigkeit bei. Meist haben Vögel, die so weite Strecken zurücklegen wie die Enten, stromlinienförmige Körper, um den Luftwiderstand gering zu halten. Entenkörper sind hingegen eher tropfenförmig. Doch all diese Vorzüge zusammen verleihen den Enten noch nicht ihre hervorragende Schwimmfähigkeit; da ist noch etwas.

Allgemein wird angenommen, das Eindringen von Wasser ins Gefieder werde durch einen über die Gefiederoberfläche gelegten Film aus dem von der Bürzeldrüse abgenommenen Fett verhindert. Die Tiere verteilen das Bürzeldrüsensekret jedoch nicht nur auf der Oberfläche, vielmehr behandeln sie damit jede einzelne ihrer Federn. Nur bildet das

Gefiederpflege ist für die Enten überlebenswichtig und garantiert die Schwimmfähigkeit. Das Sekret der Pürzeldrüse hält die Federn elastisch.

Sekret keinen wasserabweisenden »Film«, vielmehr dient es dazu, die einzelnen Federn geschmeidig zu halten, sie vor Bruch zu bewahren. Es ist also kein »Dichtemittel«, eher ein Kosmetikum. Diese Arbeit nimmt einen Großteil der Zeit in Anspruch. Damit wird auch deutlich, warum Enten so viel Wert auf sichere Sitzplätze außerhalb des Wassers legen.

Die Federn der Entenvögel sind nämlich von ganz besonderer Bauweise, die nur unterm Mikroskop erkennbar ist. Den genauen Bau der Entenfedern hat RUTSCHKE [1958, 1960] erkannt und beschrieben: *»Die glatte geschlossene Oberfläche wird durch die Anordnung der Federn erreicht. Durch starke Krümmung im Distralbereich werden sie dachartig aufeinander ›gespannt‹«.* Seinen Halt erreicht das Entengefieder durch eine Abflachung der Strahlen im Spitzenbereich. Die feinsten Strukturteilchen an den Haken- und Bogenstrahlen sind nach innen gerichtet. Dadurch stabilisieren sie das Gefieder. Dessen Oberfläche erhält eine Gitterstruktur.

Das alles würde den Enten jedoch nicht viel helfen, wäre da nicht zusätzlich die Oberflächenspannung des Wassers. Wird diese, etwa durch Zugabe eines Detergens, herabgesetzt, dringt – trotz bester Gefiederpflege – sofort Wasser zwischen die Federn, und die Ente sackt ab. Umgekehrt verweist RUTSCHKE [1989] darauf, dass Wasser – dessen ausreichende Oberflächenspannung vorausgesetzt – auch dann nicht ins Gefieder eindringt, wenn dieses zuvor mit einem Fettlöser gewaschen wurde. Das Sekret der Bürzeldrüse dient somit nur indirekt dazu, das Gefieder wasserabweisend zu machen, eben indem es die Federn pflegt, geschmeidig erhält und vor Bruch bewahrt.

Mauser in Etappen

Beim Schlupf tragen auch Wasservogelküken zunächst ein feines Dunenkleid. Eine Besonderheit sind die kleinen Kiele der *Enten*dunen; solche fehlen bei Dunen anderer Arten. Schon etwa im Alter von zwei Wochen werden die Dunen sukzessive durch Federn ersetzt. Diese wachsen aus den Papillen der Dunen heraus; letztere brechen schließlich ab. Ende der fünften Lebenswoche sind bereits die Hand- und Armschwingen sichtbar und die Dunen nahezu verschwunden. Die Tiere tragen jetzt ihr *Jugendgefieder*. Bei den Enten ähnelt dieses mehr oder weniger jenem der Mütter.

Im Laufe des Herbstes, bei manchen Arten auch schon im Spätsommer, setzt die *Jugendmauser* ein. Diese kann sich bei einigen Arten bis in den Winter, ja bis ins Frühjahr hin ziehen und endet mit dem ersten *Pracht-* oder *Brut-*

16

Erpel und nicht brütende Weibchen beginnen zuerst mit der Mauser. Im September sind die Erpel zwar längst wieder flugfähig, tragen aber noch nicht das volle Prachtkleid.

kleid, je nach Geschlecht. Bei den Gänsen und Rallen gibt es keinen ausgeprägten Geschlechtsdimorphismus, das heißt, Männchen und Weibchen sind sich in ihrer äußeren Erscheinung weitgehend gleich.

Ab dem zweiten Lebensjahr mausern alle Enten zweimal jährlich. Gänse, Schwäne und Blässhühner hingegen nur einmal.

Eine Besonderheit weisen die *Schwäne* und *Eidererpel* auf. Sie legen ihr Alterskleid erst im zweiten Lebenswinter an. Dadurch lassen sich bei diesen Arten problemlos drei Altersstufen unterscheiden. Arten, die erst nach mehrmaliger Mauser ihr Altersgefieder erreichen, beziehungsweise mehrere unterschiedliche Jugendgefieder tragen, werden auch spät geschlechtsreif. Man kann es ebenso umgekehrt sagen: Arten die spät geschlechtsreif werden, müssen sich bis dahin mit mehreren Jugend- oder Zwischengefiedern begnügen.

Für den Laien sind die mit der Mauser verbundenen Begriffe oft verwirrend, weshalb es geboten scheint, sie hier kurz zu erläutern. Alle bei uns vorkommenden *Enten* wechseln, es wurde bereits gesagt, zweimal im Jahr ihr Federkleid, und sie tragen auch zwei im Aussehen unterschiedliche Kleider. Im Herbst (je nach Art bis in den Winter hinein) wird vom schlichten Ruheins Prachtgefieder gewechselt (vom Schlichtkleid ins Brutkleid). Die Ornithologen sprechen hierbei von der *pränuptialen Mauser*.

Während die Weibchen noch brüten, wechseln die Männchen ins Schlichtkleid; ihr Aussehen ähnelt dann dem der Weibchen. Diese beginnen mit der Mauser ins Ruhekleid (sinngemäß wie Schlichtkleid) erst nach dem Brutge-

17

① Stockente (Schwimmente)
② Löffelente (Schwimmente)
③ Spießente (Schwimmente)
④ Pfeifente (Schwimmente)
⑤ Schnatterente (Schwimmente)

⑥ Krickente (Schwimmente)
⑦ Knäckente (Schwimmente)
⑧ Kolbenente (Tauchente)
⑨ Tafelente (Tauchente)
⑩ Moorente (Tauchente)
(siehe auch Tafel auf Seite 42/43)

19

Eiderenten *(Somateria mollissima)* brüten an den nordischen Küsten (einschließlich Nordsee) und kommen im Winter vereinzelt auch ins Binnenland. Die Erpel tragen erst im dritten Winter ihr Prachtkleid.

schäft, also später wie die Männchen. Die Ornithologen sprechen von *postnuptialer Mauser*. Der Austausch des bei vielen Arten farbenfrohen und auffälligen Kleingefieders im Brutkleid, bereitet die Erpel sozusagen auf die Zeit ihrer Flugunfähigkeit vor. Denn je schlichter ihr Kleingefieder, umso weniger werden sie von Raubfeinden entdeckt.

> Alle Gründelenten tragen im Brut- wie im Ruhekleid farbige Spiegel in den Schwingen, und zwar sowohl die Erpel als auch die Weibchen, Tauchenten hingegen keine oder nur weiße.

Im Anschluss an den Wechsel des sogenannten Kleingefieders fallen die zum Großgefieder zählenden Schwungfedern aus. Für die Dauer von 3 bis 7 Wochen (je nach Art) sind die Erpel flugunfähig. Tauchenten halten sich dabei meist in größeren Gemeinschaften in der Mitte von Gewässern auf. Gründelenten verdrücken sich eher einzeln oder in kleinen Trupps im Schilf oder ufernahen Bereich. Für einige Arten sind Mauserzüge typisch, zu denen die Erpel aufbrechen, sobald die Weibchen auf den Eiern sitzen. Zu ihnen stoßen oft auch nichtbrütende Weibchen.

Wie die Gänse, so mausern auch die *Blässhühner* nur einmal im Jahr. Die Jugendmauser (Teilmauser) findet mehrheitlich im August und September statt, kann sich aber bei einzelnen Tieren bis in den Dezember hinziehen. Die reguläre Vollmauser der adulten Tiere erfolgt nach Beendigung der Brut im Juni und Juli, bei Spätbrütern auch bis in den Oktober hinein.

Ihr Zugverhalten

Die meisten der bei uns vorkommenden Enten, Gänse und Säger ziehen im Herbst in klimatisch günstigere Gebiete. Es gibt Arten, von denen nur die in raueren Gebieten lebenden Populationen wegziehen (Zugvögel), während die in wintermilden Bereichen lebenden bleiben (Standvögel). Daneben gibt es noch solche, die nur kurzfristig ungünstiger Witterung ausweichen, ohne wirklich weit zu ziehen (Strichvögel). Bei einigen Arten kommen alle drei Verhaltensmuster vor. Zu ihnen gehören die *Stockenten*, von denen aber ein Teil nicht nur bei uns, sondern selbst im klimatisch rauen Skandinavien überwintern (Standvögel). Auch *Tafelenten* verhalten sich sowohl als Stand-, Strich- und Zugvögel.

Bei *Knäck-* und *Spießente* wird der Wegzug durch einen *endogenen* Zeitplan ausgelöst. Das heißt, der Zug beginnt, auch wenn es im Brut- oder Mausergebiet noch warm und nahrungsreich ist. Die Mehrzahl der Arten orientiert sich jedoch an der Witterung und am Nahrungsvorkommen; das gilt ganz besonders für die Strichvögel.

Unterschiede zeichnen sich sowohl zwischen den Geschlechtern als auch zwischen Altersstufen ab. Junge *Pfeifenten* beispielsweise ziehen schon im September in ihre Winterquartiere, während die Altvögel erst deutlich später nachfolgen. Das ist deshalb interessant, weil es zeigt, dass die Jungvögel ihren Weg ins Winterquartier ohne jede »Einweisung« finden.

Links:
Knäckenten *(Anas querquedula)* brüten in geringer Zahl bei uns (westliche Verbreitungsgrenze). Sie überwintern hauptsächlich in West- und Nordafrika. Nichtbrüter ziehen schon Mitte Juni in Holland durch.

Rechts:
Tafelenten *(Aythya ferina)* vergesellschaften sich gerne mit Reiherenten und zeigen die Tendenz, bei uns zu überwintern. Ursprünglich kam sie westlich der Elbe nicht vor, heute ist sie allgegenwärtiger Brutvogel.

21

Links:
Pfeifenten *(Anas penelope)*
haben ihren Namen von den
Pfeiflauten der Erpel – einem
kurzen, scharfen zweisilbigen
»wiju«. Die Weibchen rufen
»err« oder »arrr«.

Unten:
Beide Geschlechter der Spieß–
ente *(Anas acuta)* lassen ein
mehrsilbiges »Wäh-häh-äh«
hören.

Auch die Krickenten *(Anas
crecca,* oben) haben ihren
Namen von den Rufen der
Erpel, einem hellen »Krick«
oder »Krilik«, das selbst im
Flug zu hören ist.

Löffelenten *(Anas clypeata,*
rechts) wirbeln beim Gründeln
durch schnelle Drehbewe-
gungen mit dem Körper den
Schlamm auf und nehmen die
aufsteigenden Nahrungs-
partikel an der Oberfläche auf.

Die Schnatterenten
(Anas strepera)
beginnen bereits im
Spätsommer zu balzen;
die Paare finden sich
im Herbst und halten
auch in den Winter-
quartieren (hauptsäch-
lich Mittelmeergebiet,
aber auch bis Senegal)
zusammen.

Den Rückzug im Spätwinter oder Frühjahr dürfte der Geschlechtstrieb
zumindest mit auslösen. Ein ganz wesentlicher Faktor ist aber die Groß-
wetterlage. Enten und Gänse warten günstige (energiesparende) Winde ab.
Dadurch kann sich der Abflug nicht unwesentlich verzögern. Oder Arten
treffen mit Unterbrechung schubweise hier ein. Der Zug wird auch unter-
brochen, wenn sich das Wetter gravierend verschlechtert. Bei starkem Regen
und dicken, tiefhängenden Wolken werden Pausen eingelegt oder Schlecht-
wettergebiete großräumig umflogen. Dann können bestimmte Arten an
Orten auftauchen, wo sie normalerweise nicht Station machen. Schon eine
Bedeckung des Himmels zu zwei Drittel beeinträchtigt die Zugintensität
erheblich [BEZZEL, 1972].
Bei den meisten Arten geht die Hauptzugrichtung im Herbst nach Süd-
westen. Dabei gibt die Küstenlinie von Ost- und Nordsee und Atlantik bei
den in *Schmalfront* ziehenden Arten die grobe Richtung vor. Andere, etwa
die *Schnatterenten*, reisen jedoch in *Breitfront*. Die *Löffelente* zieht in
Schmalfront weg und kehrt in *Breitfront* zurück.
Bemerkenswert sind auch die unterschiedlichen *Flugformationen*. So fliegen
Gänse auf längeren Strecken entweder in V-Formation oder aber in langen
Schrägreihen. Eine Ausnahme macht die *Ringelgans. Brandgänse*, die ja eine
Zwischenstellung zwischen den eigentlichen Enten und den Gänsen ein-
nehmen (Unterfamilie *Tadorniae*), fliegen in langen Reihen.
Auffallend ist, dass die Anführer solcher V- oder Keilformationen ständig
wechseln. Die »Leitvögel« geben nach einiger Zeit immer wieder auf,
schwenken zur Seite und reihen sich hinten ein. Ganz offenbar ist der
Energieaufwand an der Spitze der Formation am höchsten. Auch *Schwäne*
fliegen in V-Formation, gelegentlich aber auch in Linie.
Gemeinsam ist allen Arten, dass sie nur gesellig ziehen.

Enten entwickeln auch im Dauerflug beachtliche Geschwindigkeiten. Bergman und Damer [1965] wiesen bei über dem Meer fliegenden Trauerenten eine Reisegeschwindigkeit von 84 km/h nach. Eisenten erreichen 74 km/h, und für Stockenten nennt Curry-Lindahl [1982] gar 100 km/h.

Beachtlich sind die erreichten Flughöhen, wobei verallgemeinernd gesagt werden kann, dass Enten überm offenen Meer in der Regel tiefer fliegen als über Land. *Trauerenten* wurden schon in Höhen von maximal 4.500 m geortet [Jögi 1971], *Löffelenten* gar in 4900 m [Curry-Lindahl, 1982]. *Schwäne*, die wir, wenn sie mit schwerfällig wirkenden Schwingenschlägen vom Wasser abheben und über uns hinwegrudern, eher als mäßig begabte Flieger ansehen, erreichen sogar Flughöhen bis 8.500 m [Bertold, 1990]. Wenngleich nicht alle Enten weite Strecken in ihre Winterquartiere zurücklegen, so vollbringt ein Teil doch enorme Flugleistungen. Von Gründelenten wurden Flugstrecken zwischen 5.000 und 8.000 km bekannt.

Fast alle Arten ziehen in der Nacht. Auf den ersten Blick scheint das unlogisch; schließlich fiele uns Menschen die Orientierung am Tage wesentlich leichter. Tatsächlich aber bringt der Nachtflug eine ganze Reihe von Vorteilen. Zunächst einmal reduziert sich in der Nacht der Feinddruck. Allerdings dürfte das nicht der Hauptgrund sein, da allenfalls kleine Arten durch Falken geschlagen werden können. Würden Enten und Gänse ihre großen Flugstrecken jedoch am Tage absolvieren, bliebe ihnen – Herbst- und Wintertage sind ohnehin kurz – wenig Zeit zur Nahrungsaufnahme und die so wichtige Gefiederpflege. Vor allem aber ist in der Nacht die Lufttemperatur niedriger und die Luft damit dichter. Das erspart den Vögeln Energie. Warme Luft und kalte Luft verhalten sich für den Vogel etwa so wie für den Schwimmer Süßwasser und Salzwasser. Letzteres ist dichter und trägt ihn viel leichter. Die horizontalen Windgeschwindigkeiten sind in der Nacht ebenso geringer wie die Variationsbreite der Windrichtung. Das ermöglicht den Vögeln, günstige (windarme) Zughöhen zu finden und größere Abdriften zu vermeiden, die ansonsten wieder energieverzehrend korrigiert werden müssten. Auch gibt es in der Nacht weniger vertikale Turbulenzen, die den Zug beeinträchtigen [BERTHOLD, 1975; KERLINGER u. MOORE, 1989].

Blässhühner sind Stand- und Strichvögel, als solches Kurzstreckenzieher. Enorm sind die von ihnen vollbrachten Tagesleistungen. So wurde bei einem beringten Tier eine Tagesstrecke von 438 km nachgewiesen.

Zwischenzüge

Nach der Mauser ziehen einige Entenarten scheinbar ziel- und regellos umher. Dabei ist die später eingeschlagene Zugrichtung zu den Überwinterungsgebieten nicht immer zu erkennen. Flügge Jungenten zeigen ein ähnliches Verhalten. Auch sie ziehen scheinbar planlos umher, nicht selten in nördlicher, also den Winterquartieren abgewandter Richtung [BAUER und GLUTZ, 1968]. Für ein solches Verhalten gibt es mehrere einleuchtende Gründe. Es können reine Erkundungszüge sein, die den Enten die nötigen geographischen Kenntnisse vermitteln, um in Nahrungsengpässen (etwa witterungsbedingt) schnell und sinnvoll reagieren zu können. Bei den Jungenten kann es »Training« für den eigentlichen Zug sein. Möglicherweise dienen diese Zwischenzüge aber auch nur der gleichmäßigeren Nutzung von Nahrungsressourcen.

Fortpflanzung

Saisonehen und Dauerehen

Während *Gänse* und *Schwäne* zumeist mehrjährige oder sogar lebenslange Ehen eingehen, die erst durch den Tod eines der Partner enden, binden sich Enten nur für eine Brutsaison. Bei den meisten Arten gehen die Erpel bei

Bei Gänsen, die ja in Dauerehe leben, kann es viele Monate dauern, ehe sich ein Paar wirklich gefunden hat und miteinander kopuliert. Gänse sind also einfach – der Leser verzeih' mir die Keckheit – die besseren Katholiken! Ihr Zusammenfinden ist zwar langwierig, wird aber – so lange beide Partner am Leben sind – nicht alljährlich wiederholt wie bei den Enten und vielen anderen Vögeln.

sich bietender Gelegenheit fremd. Abweichungen von dieser Regel gibt es bei den *Kolbenenten.* Die Erpel verlassen die Enten, wenn diese mit dem Bebrüten des Geleges beginnen. Doch bei einigen Arten bleiben sie zumindest in der Anfangsphase der Brut noch in der Nähe und begleiten ihre Ente in den Brutpausen bei der Nahrungsaufnahme.

Wenn auch hier bei den meisten Arten reine Saisonehen angegeben sind, so wird doch bei etlichen vermutet, dass sie sich, so beide Partner noch leben, mehrere Jahre hintereinander immer wieder neu verpaaren. Grundsätzlich muss man bedenken, dass die Lebenserwartung der Enten nicht sonderlich

Die Kolbenenten *(Netta rufina)* sammeln sich bereits im September an Rastgewässern, um im Spätherbst in die Wintergebiete aufzubrechen.

hoch ist. Zwar erreichen einzelne Vögel immer wieder ein respektables Alter, *Schellenten* beispielsweise 17 Jahre, einer beringten *Stockente* werden sogar 41 Jahre und sieben Monate nachgesagt, aber die große Masse dürfte kaum älter als zwei oder drei Jahre werden. Eine gewisse »Flexibilität« in der Partnerschaft scheint also nicht ohne Sinn.

Saisonehe bedeutet auch nicht absolute Treue während der Saison. Bei den meisten Arten versuchen die Erpel zusätzlich mit fremden Weibchen zu kopulieren. Einige tun dies sogar noch unmittelbar vor Brutbeginn.

Jahres- oder Saisonehen pflegen auch die *Blässhühner*. Allerdings bleiben deren Paare viel länger zusammen als jene der Enten, da sich die Männchen aktiv an der Aufzucht der Jungen beteiligen.

Geschlechtsreife und Verpaarung							
Art	Geschl.-Reife	Verpaarung	1. Gelege	Saisonehe bis			Dauer-ehe
				Brut-beginn	zum Schlupf	Auf-zucht	
Stockente	1. Winter	1. Winter	2. Frühjahr	(Begattung fremder ♀)			
Krickente	1. Winter	1. Winter	2. Frühjahr				
Reiherente	1. Winter	1./2. Winter	2./3. Frühj.				
Schnatter-ente	1. Winter	1. Winter	2. Frühjahr	(Begattung fremder ♀)			
Löffelente	1. Winter	1. Winter	2. Frühjahr	(♂ anfangs in Nest-nähe)			
Kolbenente	1. Winter	1. Herbst	2./3. Frühj.				
Tafelente	1. Winter	1. Winter	(2.)3. Frühjahr	(Betont kurze Saisonehe)			
Eiderente	♂ 3. Jahr / ♀ 2. Winter	2./3. (4.) Frühjahr		(Wiederverpaarung wahrscheinlich)			
Schellente	2. (3.) Jahr	2.(3.) Winter	3.(4.) Frühj.				
Moorente	1. Winter	1. Winter	2. Frühjahr				
Gänsesäger	2. Winter	2. Winter	3. Frühjahr	(Polygamie vermutet)			
Knäckente	1. Winter	1. Winter	2. Frühjahr				
Spießente	1. Winter	1. Winter	3. Frühjahr				
Brandgans	2. Winter	1./2. Winter	3. Frühjahr				
Blässhuhn	1. Winter	1. Winter	2./3. Frühj.				
Höcker schwan	(3.) 4. Winter	2./3. Winter	(3.) 4. Frühjahr				
Graugans	2. Winter	2. Herbst	3./4. Frühjahr				

Gruppenbalz und Reihflüge

Allen Arten gemeinsam ist die Gesellschaftsbalz, bei der sich zunächst die Männchen gegenseitig zu imponieren suchen. Die Weibchen nehmen dabei zunächst eher als Zaungäste teil. Erst nach und nach kommt es zur Paarbildung, wobei die Balz immer noch in Gesellschaft abläuft. Erst wenn es Zeit zum Nestbau wird, sondern sich die Paare ab. Die Rituale zwischen Erpel und Ente sind artspezifisch und dienen nicht nur zur Paarbildung, sondern auch als Vorbereitung zur Kopulation. Diese dauert bei den meisten Vögeln lediglich Sekunden und kann nur zustande kommen und erfolgreich sein, wenn beide Partner absolut synchron eingestimmt sind. Die Erpel der Stockenten verhalten sich gegenüber den Weibchen ausgesprochen rüde. Vergewaltigungen sind an der Tagesordnung, und häufig »prügelt« sich ein halbes Dutzend Erpel um eine Ente, wobei letztere gelegentlich sogar den Tod findet.

Im Spätwinter und weit bis ins Frühjahr hinein lassen sich – besonders bei den *Stockenten,* aber auch bei den meisten anderen Arten – Reihflüge beobachten. Der Name rührt daher, dass die Enten in einer Reihe, also mehr oder weniger korrekt hintereinander fliegen. Dabei streicht eine weibliche Ente vorweg, verfolgt von einem oder mehreren Erpeln. Diese Flüge werden gemeinhin als Balzritual angesehen, doch sind sich die Ornithologen in dieser Frage nicht ganz einig. Vermutlich sind Reihflüge unterschiedlich motiviert. Bekannt ist, dass im Winter und Frühjahr bei verpaarten Enten immer zuerst das Weibchen abfliegt, gefolgt vom Erpel. Der nur wenige Minuten dauernde Reihflug (Reihzeit = im Sprachgebrauch Paarungszeit) kann also durchaus Teil der Balz sein, nämlich die Aufforderung der Ente an den Erpel, ihr zu folgen. Aber auch versuchte oder beabsichtigte Vergewaltigungen führen zu Reihflügen. Eine andere Möglichkeit ist die der Revierverteidigung. Ein fremdes Paar dringt ins Brutrevier ein und wird vom ansässigen Erpel attackiert und verfolgt.

Nistplatzwahl und Nestbau

Bei den meisten Arten sind beide Partner an der Nistplatzsuche beteiligt, jedoch scheinen die Weibchen dabei »federführend« zu sein. Mit Ausnahme der *Schellente* sowie des *Zwerg- und Gänsesägers,* die vorwiegend in Baumhöhlen brüten, gehören alle Entenarten (einschließlich *Mittelsäger*) zu den

Nur bei den Brandenten *(Tadorna tadorna)* – die heute eine Sonderstellung einnehmen und früher ohnehin den Gänsen zugeordnet wurden – beteiligen sich die Männchen regelmäßig an der Aufzucht der Jungen.

Bodenbrütern. Allerdings haben *Stockenten* keine Probleme damit, auch in Bäumen (gerne in Kopfweiden), ja sogar auf Dächern und auf Balkonen zu brüten. Schwarthoff [zitiert bei Lutz] berichtet sogar von einer Stockente, die in einem Bussardhorst in einer Pappel in 16 m Höhe brütete. *Brandenten* bevorzugen als Niststandorte Erdhöhlen. Man findet ihre Gelege in Kaninchen-, Dachs- und sogar in vom Fuchs bewohnten Bauen. Offenbar gibt es zwischen Fuchs und Brandente gelegentlich so etwas wie ein tierisches Gentlemans Agreement.

Die Bodenbrüter scharren sich meist nur eine flache Mulde, die sie mit Pflanzenmaterial und Bauchdunen auspolstern. Der Eintrag von Dunen (die sich die ihr Kleingefieder wechselnden Weibchen selbst auszupfen) erfolgt erst nach Beginn der Eiablage, bei manchen Arten erst ab dem 3./4. Ei. *Stockenten* warten damit sogar bis zur Ablage des letzten Eies. Die Enten müssen sich die Dunen nicht »unnötig« ausreißen; vielmehr wird bei den Weibchen mit dem Ablegen der Eier die Mauser des Kleingefieders ausgelöst. Die Verwendung der Dunen zur Nestpolsterung hat also gleich zwei Effekte: die Dunen polstern das Nest und halten die Eier warm und sie

Recht imposante Nisthügel legen die Höckerschwäne *(Cygnus olor)* an. Aber das ist ja auch verständlich, denn ihr hohes Körpergewicht macht die Tiere für Schwimmnester untauglich; also müssen die am Grund des Flachwassers aufsitzenden Nester so hoch aus dem Wasser ragen, dass sie bei einem normalen Hochwasser nicht überflutet werden.

werden vom Wind nicht im Nestbereich verstreut, wo sie Neugierige anlocken würden. Einige Tauchenten, etwa die *Tafelente*, tragen in die Mulden soviel pflanzliches Material ein, dass kleine Podeste entstehen. Damit verhindern sie bei periodisch ansteigendem Wasserstand ein Überfluten ihres Geleges. Mitunter werden derartige Nester – wenn das Wasser steigt – noch während des Brütens erhöht. Ganz grundsätzlich jedoch gehen durch Hochwasser zahlreiche Gelege verloren.

Auch *Wildgänse* brüten gerne in erhöhten Nestern; bei uns schreitet allerdings nur die Graugans zur Brut. Sie bevorzugt um das Nest herum Schilf und ähnlichen höheren Bewuchs als Deckung.

Enten verfolgen unterschiedliche Sicherheitsstrategien. Manche wählen möglichst gedeckte Niststandorte, am liebsten unter nach oben abschirmenden Sträuchern oder in dichter, hoher, krautartiger Vegetation. So brütet die *Stockente* gerne in Brennnesselhorsten oder unter Brombeerhecken oder, was ihr oft zum Verhängnis wird, im hohen Wiesengras. Andere Arten wollen rundum freie Sicht haben und brüten nur in relativ niedrigem Bewuchs, den sie auf den Eiern sitzend überschauen können.

Die Eier der meisten Bodenbrüter weisen ein tarnendes Muster auf, um Eierliebhabern nicht aufzufallen. Enteneier hingegen sind alle einfarbig hell, wenn auch in unterschiedlicher Tönung. Aber während die ebenfalls bodenbrütende Birkhenne ihr Gelege – voll auf die Tarnfarbe vertrauend – ohne große Umstände verlässt, decken Enten das ihre zu oder bespritzen es zumindest mit ihrem übelriechenden Kot.

Bei den *Blässhühnern* bauen die Männchen zwei und manchmal auch mehr Nester. Diese stehen in Ufernähe im Wasser, entweder am Schilfrand oder zwischen den Ästen überhängender Weiden. Als Material dienen grüne und abgestorbene Pflanzenteile, die so hoch aufgeschichtet werden, dass bis zu 80 cm breite Hügel entstehen, die 20 bis 30 cm aus dem Wasser herausragen. In deren Mitte formt das Weibchen eine Nistmulde.

Gegen Ende der Brutzeit schafft das Männchen neuerlich Material herbei, so dass oft regelrechte Laufstege (Rampen) entstehen, die den Küken das Besteigen des Nesthügels erleichtern. Zudem baut das Männchen ein meist nicht ganz so hohes aber breites Schlafnest, das von der Familie später zum Ruhen aufgesucht wird.

Bei den Blässhühnern *(Fulica atra)* brüten beide Partner und sie besitzen meist mehrere Nester, die oft noch vom Männchen erweitert werden, während das Weibchen bereits brütet.

31

Über Gelegegröße und Mischgelege

In der Regel wird auch bei Wasservögeln täglich ein Ei gelegt und zwar mehrheitlich in den frühen Morgenstunden. Obwohl es zwei Wochen dauern kann, ehe das Gelege vollzählig ist und bebrütet wird, schlüpfen die Küken meist innerhalb weniger Stunden, zumindest aber innerhalb eines Tages. Außergewöhnlich große Gelege kommen bei oder durch Arten zustande, die die Neigung haben, in fremde Nester zu legen. BEZZEL [1959], fand im Ismaninger Teichgebiet in 19 % (!) der von ihm gefundenen Nester Mischgelege, an denen sich zwei oder gar drei Enten beteiligt hatten.

Stockenten *(Anas platyrhynchos)* sind bei der Brutplatzwahl nicht wählerisch. Dieses Gelege fand sich sogar auf dem deckungslosen Boden eines Fichtenwaldes!

Das Unterschieben von Eiern erfolgt aber nicht nur innerhalb der eigenen Art. Vielmehr wird auch in die Nester fremder Arten gelegt, was dazu führt, dass ein Schof aus Küken zweier Spezies bestehen kann. Hier ist an erster Stelle die *Kolbenente* zu nennen, die sich ganz gerne um das mühsame Brutgeschäft drückt und ihre Eier (der Kuckuck lässt grüßen!) in die Nester anderer Weibchen legt.

Tafelenten mogeln ihre Eier zuweilen *Reiherenten* unter oder sie komplettieren die Gelege von Artgenossinnen.

Gänse legen deutlich weniger Eier als die Enten, was aber keinen Einfluss auf den Bestand hat. Enten sind ja »Alleinerzieher« und bei solchen sind die Kükenverluste in der Regel höher als bei Paaren, die ihre Jungen gemeinsam aufziehen. Außerdem erreichen Gänse ein höheres Lebensalter. Daher hat die Natur über die Gelegegröße einen gewissen Ausgleich geschaffen. Nicht nur die Küken, auch die Gelege und die brütenden Weibchen sind bei den

Enten stärker gefährdet als bei den Gänsen, bei denen ja die Männchen in unmittelbarer Nähe des Nestes Wache halten. Gänse sind überdies wegen ihrer Größe für eine ganze Reihe von Prädatoren uninteressant.

Legezeit/Brutzeit der bei uns brütenden Wasservögel								
Art	Legezeit						Ei-Zahl	Brut-Tage*
	März	April	Mai	Juni	Juli	Aug.		
Stockente							7–11	27–28
Gänsesäger							8–12	30–32
Brandgans							8–10	29–31
Graugans							4– 9	27–29
Blässhuhn							5–10	23–24
Krickente							8–10	21–23
Schellente							6–11	29–30
Knäckente							8–11	21–23
Löffelente							8–12	22–23
Tafelente							5–12	27–28
Eiderente							4– 6	25–28
Höckerschwan							5– 8	35–41
Kolbenente							8–11	26–28
Schnatterente							8–12	24–26
Reiherente							6–11	23–28
Moorente							7–11	23–27

* Kernbruttage; bei einigen Arten kommen Ausreißer nach vorne und hinten vor.

Das Brutgeschäft

Bei allen *Enten* und *Gänsen* brütet immer nur das Weibchen. Zwar halten die Erpel bei einigen Arten so etwas wie Wache beim Nest oder in dessen Nähe, sie steigen aber nie selbst auf die Eier. Dieses Wachehalten dient einem konkreten Zweck. Geht nämlich das Gelege, aus welchen Gründen auch immer, verloren, steht der Erpel sofort zur neuerlichen Paarung bereit, und es kommt ohne große Verzögerung zu einem Nachgelege. Würden die Erpel sofort nach der ersten erfolgreichen Begattung beziehungsweise mit Beginn der Eiablage ihre Mausergewässer aufsuchen, wären keine Nachgelege möglich, und der Nachwuchs bliebe geringer.

33

Zu Beginn der Brutzeit geben Stockenten ihre Gelege bei Störungen schnell auf. Später sitzen sie hingegen auffallend fest und lassen sich manchmal sogar berühren.

Zu Beginn der Brutzeit reagieren die meisten Enten auf Störungen noch sehr empfindlich und geben ihre Gelege schnell auf. Wenn der Jäger also draußen ein verlassenes Stockentengelege findet, heißt das nicht zwingend, dass der Fuchs die Mutterente gerissen hat. Möglicherweise hat er sie selbst – ohne es zu merken – vertrieben. Fast immer wird dann aber ein Nachgelege getätigt. Das ist mit ein Grund dafür, dass sich Brut- und Aufzuchtzeit (und somit auch die Mauser!) über relativ lange Zeit hinziehen. Ganz anders verhalten sich Enten gegen Ende der Brutzeit. Dann sitzen sie meist außerordentlich fest, wobei einige sogar eine Berührung durch den Menschen aushalten, ohne das Gelege zu verlassen. Die Weibchen steigen freiwillig nur 1- 2mal täglich für maximal eine Stunde von den Eiern; dabei werden diese mit Dunen bedeckt. Und weil so wenig Zeit für die Nahrungssuche und Nahrungsaufnahme einfach nicht reicht, verlieren brütende Enten bis zu einem Viertel ihres ursprünglichen Gewichtes.

Bei den *Gänsen*, die ja in Dauerehe leben, bleiben die Männchen – wie schon erwähnt – während des Brütens bei den Weibchen. Sie halten Wache und verteidigen Weibchen und Gelege und später die Gössel gegen Feinde.

Auch bei den *Schwänen* brütet nur das Weibchen, ebenfalls bewacht und umsorgt vom Männchen.

Doch die *Blässhühner* tanzen aus der Reihe. Bei ihnen brüten grundsätzlich beide Partner, so dass das Gelege nie ohne Schutz ist. Selbst in der Nacht findet eine Brutablösung statt.

Die Aufzucht der Jungen

Bei den meisten Enten sind die Küken zwar Nestflüchter und verlassen das Nest überwiegend gemeinsam mit der Mutter, sobald alle geschlüpft und trocken sind, doch gibt es auch Arten, etwa die *Reiherenten*, die bis zu 24 Stunden im Nest sitzen bleiben. *Schellentenküken* sind mit scharfen Krallen ausgestattet, die es ihnen ermöglichen, an den Wänden der Bruthöhle bis zum Einschlupfloch hochzuklettern. Sie werden von der Mutter von außerhalb zum Verlassen der Höhle animiert. Auch junge Stockenten müssen gelegentlich beachtliche Sprünge vom erhöhten Nest auf den Boden wagen. Wenn die Nester nicht in Gewässernähe angelegt werden, müssen Mutter und Junge oft weite Fußmärsche zurücklegen, auf denen viele Gefahren lauern. Es kann durchaus einen ganzen Tag und länger dauern, ehe die Jungen ins Wasser und damit in relative Sicherheit kommen.

Auch *Gänsesäger*, die als Höhlenbrüter ja allgemein unter Nistplatznot leiden, brüten zuweilen weit ab vom Wasser. In der Millionenstadt München wurden Gänsesägerbruten in Gebäudenischen mitten im Zentrum bekannt. Weibchen und Junge watscheln dann kilometerweit über vielbefahrene Straßen, durch Grünanlagen, auf Bürgersteigen und zwischen zahlreichem Publikum hindurch zur Isar.

Bei den *Gänsen*, die ja ein ausgeprägtes Familienleben führen, sind die Männchen (Ganter) immer dabei. Sie beteiligen sich voll an der Aufzucht. Junge Wildgänse sind zwar – wie alle Entenvögel – Nestflüchter, doch kehren die Jungen anfangs mit ihren Eltern zur Nachtruhe ins Nest zurück. Sobald die Gössel größer sind, finden sich die Familien wieder zu Gruppen zusammen. Diese bilden später auch Wandergesellschaften. Doch bleiben Junge und Eltern auch innerhalb der Gruppe bis zur nächsten Brutsaison zusammen.

RUTSCHKE [1999] berichtet, dass bei Graugänsen in den südspanischen Überwinterungsgebieten nicht nur die Familien, sondern nachweislich auch die »Landsmannschaften« zusammenhalten. Im Bereich des Guadalquivir überwintern Zehntausende Graugänse, doch innerhalb der riesigen Flüge bleiben die »Deutschen« ebenso unter sich wie die »Dänen« oder »Schweden«. Offenbar erkennen sich Graugänse am Laut. Jedenfalls zeigten klangspektroskopische Analysen große strukturelle Unterschiede im

Gegacker der Gänse, die jedoch von unseren Ohren nicht erkannt werden. Das erleichtert den Zusammenhalt innerhalb der Zug- und Überwinterungsgesellschaften.

Bei den Höckerschwänen nehmen die Gössel in den ersten Lebenstagen noch keine Nahrung auf. Sie sind mit einem entsprechend großen Dottersack ausgestattet (ca. 60 g bei einem Geburtsgewicht von ca. 250 g), der ihnen die notwendige Energie spendet. Anfangs ruhen sie am Tage immer wieder auf dem Rücken der schwimmenden Mutter aus.

Anders bei den meisten Entenarten, bei denen sich die Erpel mit Beginn des Brutgeschäftes von ihren Partnerinnen absetzen und mit der Mauser beginnen. Lediglich bei den Brandenten beteiligen sich die Erpel regelmäßig an der Aufzucht. Bei *Löffelenten* kommt es gelegentlich vor, dass sich Erpel zumindest in den ersten Tagen nach dem Schlupf an der Führung der Jungen beteiligen. Bei allen anderen Gründel- und Tauchenten ist dies ausschließlich Aufgabe der Weibchen.

Nicht nur die Küken der Schwäne, sondern die Küken aller Arten sind beim Schlupf noch mit einem Dottersack ausgestattet, der ihnen einen Start ins Leben ohne sofortige Nahrungsaufnahme ermöglicht. Das ist besonders wichtig wenn anfangs schlechtes Wetter herrscht, bei dem über dem Wasser nur wenige Insekten (Kükennahrung) fliegen. Sozusagen einen »Notproviant« tragen die Küken aber auch in ihrer Leber.

Die Prägung auf die Mutter vollzieht sich bereits in den ersten Lebensstunden, und nach wenigen Tagen kennen sich die Geschwister untereinander. Natürlich kennt auch die Mutter ihre Küken, aber sie kann nicht zählen, bemerkt es also auch nicht unbedingt, wenn das eine oder andere fehlt. Gelegentlich fallen, besonders bei *Stockenten*, ungewöhnlich große Schofe auf. Meist sind sie das Ergebnis einer Adoption. Junge, deren Mutter umgekommen ist, werden zuteilen von anderen führenden Weibchen aufgenommen.

Die übrigen Gründelenten weisen fremde Küken meist ab, während es bei Tauchenten öfter zur Adoption kommt. Häufig bilden sich sogenannte Kindergärten, wobei die Küken mehrerer Weibchen von einem einzigen beaufsichtigt werden. Junge *Kolbenenten* scheinen besonders »weltoffen« und mischen sich unter die Schofs junger Stock-, Tafel- oder Reiherenten. Umgekehrt kommt es aber auch vor, dass in Kolbenentenschofs einzelne Küken anderer Tauchentenarten mitschwimmen.

Frisch geschlüpfte Entenküken sind mit einem Dottersack ausgestattet, der ihnen überleben hilft. Aber bald müssen sie selbst Insekten fangen. Sonnenplätze im Wasser sind ganz wichtig.

Die Jungen der *Blässhühner* lassen sich nicht so eindeutig den Nestflüchtern zuordnen wie die der Enten und Gänse. Sie verlassen erst 3 bis 4 Tage nach dem Schlüpfen das Nest. Im Wasser bewegen sie sich zwar auf Anhieb äußerst wendig und geschickt, kehren aber regelmäßig entweder ins Brut- oder in ein vom Männchen errichtetes Ruhenest zurück. Typisch für Blässhühner ist auch, dass die zuerst geschlüpften Küken vom Männchen schon mit dem Wasser bekannt gemacht werden, während das Weibchen noch die restlichen Eier bebrütet. Gelegentlich kommt es auch bei Blässhühnern zur Adoption.

Während junge Enten und Gänse ihre Nahrung sofort selbst suchen und aufnehmen, werden junge Blässhühner von den Eltern rund einen Monat lang gefüttert. Selbst ältere Küken zeigen noch das typische Bettelverhalten.

Sterblichkeit

Gelegeverluste

Ein erheblicher Teil der Gelege geht regelmäßig verloren. Das ist schlicht normal und letztlich der Grund für die hohe Eizahl. Die Natur hat die Verluste bereits einkalkuliert. Angenommen, aus nur 80 % aller Stockenteneier würden Küken schlüpfen und überleben, könnten Stockenten möglicherweise lokal zu einem ähnlichen Problem für die Landwirtschaft werden wie die Kaninchen in Australien!

Am frühesten, nämlich bereits im März, beginnen die Stockenten mit dem Brutgeschäft. Daher sind ihre Erstgelege auch am stärksten gefährdet. Es fehlt in dieser Zeit einfach noch an ausreichender Deckung. Eine der wichtigsten »Hegepflanzen«, die Brennnessel, spitzt zu dieser Zeit erst zaghaft aus dem Boden. Entenheger versuchen die Natur hier durch Aufstellen von Bruthütten oder -körben zu überlisten. Doch damit erreichen sie nicht selten genau das Gegenteil. Häufig ist es nämlich im April, wenn die ersten Küken schlüpfen, noch so kühl und überdies nass, dass es an ausreichender Insektennahrung fehlt. So geht ein erheblicher Teil der frühen Bruten – trotz Bruthütten – in den ersten Lebenstagen verloren. Der Verlust früher Gelege mangels Deckung hat also sogar »Vorteile«. Die Ente beginnt nämlich postwendend mit dem Nachgelege, und die Jungen schlüpfen zu einem günstigeren Zeitpunkt. Geht jedoch von einem im Bruthaus geschlüpften Schof infolge kühlen, nassen Wetters nur ein Teil verloren, werden die wenigen überlebenden Küken aufgezogen und ein Nach- oder Zweitgelege unterbleibt. Damit wachsen weniger Jungenten in die Jagdzeit hinein als ohne Bruthütten. Untersuchungen haben gezeigt, dass die Überlebensraten bei Nachgelegen meist höher sind als bei frühen Erstgelegen.

Die Gelegeverluste schwanken natürlich von Jahr zu Jahr, auch wenn sich am Gewässer selbst und seinen Ufern nichts geändert hat. Hier spielt einfach auch der Zufall mit. Mag sein, eine einzige findige Krähe blieb auf dem Zug in unserem Revier hängen und hat sich auf Entengelege spezialisiert, dann kann das mehr Eier und Küken kosten als im Vorjahr durch fünf Krähen. Grundsätzlich aber gehen an intakten Ufern weniger Gelege verloren als an desolaten.

Einige Tauchentenarten, darunter auch die *Reiherenten*, versuchen die Krähen gelegentlich dadurch auszutricksen, dass sie ihre Nester in Möwenkolonien anlegen. In diese wagen sich Krähenvögel nicht hinein, weil sie sofort von einer großen Zahl der gewandten Flieger angegriffen werden. Allerdings sind den Enten nur die kleineren Möwenarten von Nutzen. Großmöwen sind nämlich selbst an Entengelegen und vor allem an Entenküken interessiert.

Andere Arten, allen voran die *Eiderente*, versuchen bei Annäherung eines Feindes ihre Eier zu schützen, indem sie diese beim Verlassen des Geleges bekoten. Sie scheiden dabei einen besonders übelriechenden Kot aus. Allgemein bekannt ist das Sich-krank-Stellen der Mutterente, eine Verhaltensweise, die auch von zahlreichen anderen Vogelarten praktiziert wird – nicht jedoch von der Eiderente.

Trotz aller List und auch bei intakter Ufervegetation sind die Gelegeverluste im Schnitt sehr hoch. CREUTZ [1987] berichtet, dass aus 353 Eiern der *Blässhühner* nur 154 Küken schlüpften und in einem anderen untersuchten Falle aus 121 Eiern nur 42 Küken. Den Bruterfolg je Paar beziffert er mit 1 bis 2 Junge je Jahr. Gerade die Blässhühner verlieren zahlreiche Gelege durch Hochwässer und Wellenschlag. Viele Küken gehen bei nasskaltem Wetter in den ersten Lebenstagen ein.

Der Bruterfolg der einzelnen Weibchen sinkt mit steigender Besiedlungsdichte der jeweiligen Art.

Nässe und Kälte

Hohe Verluste entstehen bei allen Arten vor allem in der ersten Lebenswoche. Entenküken bewegen sich zwar vom ersten Lebenstag an souverän im Wasser, aber Regenperioden, besonders wenn es gleichzeitig kalt und windig ist, bringen vielen von ihnen den Tod.

Doch Regen und niedrige Temperaturen führen nur indirekt zum Tod. Gravierender ist bei derartigen Wetterlagen der Mangel an geeigneter Kükennahrung – an Insekten. Betroffen sind (siehe oben) vor allem Küken aus sehr frühen Bruten, wenn es ohnehin noch wenig Insekten gibt. Eine Rolle spielt hier ganz wesentlich die Ufervegetation. Unter dichten, überhängenden Laubdächern fliegt auch bei Regen und Wind allerlei, über der freien Wasserfläche nicht.

Hier wird deutlich, wie unsinnig oft Bruthütten sind (siehe Seite 39). Stimmt die Ufervegetation, bedarf es ihrer nicht, oft werden sie gar nicht angenommen. Sind die Ufer jedoch kahl oder nur spärlich bewachsen, werden zwar Hütten angenommen und es können auch Küken schlüpfen, aber diese finden bei ungünstiger Witterung zu wenig Insekten und gehen ein. Daran ändert dann auch die »Beutegreiferregulation« und die »Rattenfutterkiste« nichts.

Hecht & Co

Je nach Gewässer fällt ein erheblicher Teil der Küken starken *Raubfischen* zum Opfer. Besonders Hechte und Welse vermögen sich zu spezialisieren. In kleineren Teichen werden die Fischereiberechtigten schon von sich aus bestrebt sein, größere Raubfische möglichst herauszufangen. Anders an vernetzten Altwässern, an größeren Flüssen und Staustufen. Dort muss immer mit »Spezialisten« gerechnet werden. Wenn die Ente nicht schnell realisiert was gespielt wird und großräumig den Aufenthaltsort wechselt, bleibt von einem Schof meist kein Küken übrig. Zählen kann die Mutterente nicht, und der Raub selbst erfolgt meist wenig spektakulär. Der Hecht schnappt sich ein Küken und zieht es nach unten – das war's.

Gefahr aus der Luft

Auf dem Wasser sind Entenküken vor den meisten *Greifvögeln* sicher. Natürlich interessiert sich die Rohrweihe für sie, aber ihre Chancen sind ungleich geringer als die des Hechtes. Sobald Jungenten ihre Flugfähigkeit erreicht haben, beachten sie die Rohrweihe kaum noch. Ich selbst konnte an unseren Weihern im Allgäu oft die Reaktionen der Enten, besser gesagt deren Nichtreagieren auf die Rohrweihe beobachten. Häufig blockte diese auf einem Koppelpfahl in unmittelbarer Nähe des Wassers, um nach Bussardmanier auf Mäuse oder Ratten zu warten. Enten und auch Blässhühner suchten im Wasser schwimmend, wenige Meter daneben, unbeirrt nach Futter. Habicht, Bussard und Falken aller Art sind auf dem Wasser kein Thema. Kükenverluste an Land durch den Habicht sind theoretisch denkbar, aber – insgesamt –

Auf dem Pfahl am Ufer blockt die Rohrweihe; die adulten Blässhühner lassen sich von ihr nicht stören.

sicher ohne Bedeutung. Einmal bewegen sich die Küken eher selten und kurz an Land, und wenn, dann werden sie von der Mutter bewacht und bei Angriffen schnell in Sicherheit gebracht. Häufiger gelingt es Raben- und Nebelkrähe oder gelegentlich dem Kolkraben, ein Entenküken zu erwischen. Erwachsene Enten werden problemlos vom Seeadler überwältigt, allerdings ist dieser so selten (und die Enten so zahlreich), dass sein Einfluss völlig zu vernachlässigen ist. Eher schlägt – der ebenfalls seltene – Wanderfalke Enten im Flug, vor allem Angehörige der kleinen Arten wie Krick- oder Knäckente. Ein erfolgreicher Enten- und überhaupt Wasserwildjäger ist sicher der Uhu. Er greift besonders leicht Vertreter jener Arten die in der Nacht an Land weiden oder solche, die ohne ausreichende Deckung nach oben ruhen. Auf die Bestandsentwicklung der Enten hat der insgesamt seltene Uhu trotzdem keinen nennenswerten Einfluss.

Der Waldohreule wird nachgesagt, sie dezimiere Entenküken, indem sie diese an der Wasseroberfläche greife und wegtrage. Das mag in Einzelfällen durchaus zutreffen, doch scheint die Verallgemeinerung kühn. Wenn überhaupt, dann gelingt ihr das nur bei sehr kleinen Küken mit geringem Gewicht, denn die Waldohreule wiegt selbst nicht mehr als maximal 300 Gramm. Sie kann zwar durchaus noch Vögel bis zur Größe eines Teichhuhnes schlagen, aber keinesfalls wegtragen. Ein ausgewachsenes Blässhuhn wiegt um die 860 Gramm eine Stockente etwa 1000 Gramm.

① Reiherente (Tauchente)
② Bergente (Tauchente)
③ Schellente (Tauchente)
④ Trauerente (Meerente)
⑤ Eisente (Meerente)

⑥ Samtente (Meerente)
⑦ Gänsesäger (Säger)
⑧ Mittelsäger (Säger)
⑨ Zwergsäger (Säger)
⑩ Brandgans
(siehe auch Tafel auf Seite 18/19)

Wege und Irrwege der Entenhege

Die Irrwege

Überall Bruthütten

Für viele Jäger besteht Entenhege immer noch im Aufstellen möglichst vieler Bruthütten und dem Anlocken fremder Enten mittels Futter. Ersteres hat aber mit Hege nichts zu tun und schon gar nicht mit Naturschutz. Wenn Jagd angewandter Naturschutz sein soll, wie ja immer wieder behauptet wird, dann sind Bruthütten sicher kontraproduktiv. Denn wo die Ufervegetation stimmt, bedarf es dieser Krücken nicht (siehe »Gelegeverluste«, Seite 39). Wo die Ufer aber kahl und ohne standortgerechten Bewuchs sind, vielleicht weil es sich um ein neu angelegtes oder frisch ausgebaggertes Gewässer handelt, wird durch die künstliche Ansiedlung von Enten die Entwicklung einer standortgerechten Vegetation eher verhindert als gefördert. Vor allem die Gründelenten, allen voran die Stockenten, weiden als Vegetarier die Flachwasserzone und das Ufer intensiv ab und erschweren bis »verunmöglichen« den Bewuchs. Häufig wird die Möblierung neugeschaffener Kleingewässer mit Bruthütten mit Fütterung kombiniert. Doch damit ist das Problem keineswegs gelöst – im Gegenteil. Fütterung zieht in jedem Falle weitere Enten an, und die sind überhaupt nicht gewillt, aus Dankbarkeit für das gebotene Futter auf die Nutzung der sich zaghaft einstellenden Unterwasserflora zu verzichten. Selbstverständlich streichen gelegentlich auch ohne Bruthütten und ohne Fütterung Enten zu; sie werden jedoch die sich einstellende Flora kaum übernutzen, da sie an anderen Gewässern überall leichter und mehr Nahrung finden.
Möbliert werden aber nicht selten auch Gewässer, die eine durchaus gesunde Ufervegetation aufweisen und den Enten genug natürliche Nistmöglichkeit bieten. Hier soll mit Hilfe von Bruthütten die Besiedlungsdichte bis auf ein Maximum gesteigert werden. Nun ist es verständlich, dass der

Vollmöblierte Kleinteiche, wie sie überall im Land zu finden sind, helfen den Enten nicht wirklich, machen aber ein großes Defizit an Naturverständnis deutlich.

Jäger möglichst viel Wild in seinem Revier haben will, und es spricht eher für als gegen ihn, wenn er bevorzugt solche Tiere jagen will, die tatsächlich seinem Revier entstammen. Aber wenn *Wildenten wie Hausenten* gehalten, ihnen Bruthütten angeboten und sie zusätzlich fast ganzjährig gefüttert werden, dann liegt der Unterschied zum Hühnerhof meist nur noch in der räumlichen Distanz des Gewässers zum menschlichen Wohnbereich. Bruthütten sollen Verluste von Eiern und Küken durch Prädatoren verhindern. Daher werden sie im tieferen Wasser auf Pfähle montiert und die Pfähle mit Blechmanschetten beschlagen oder oben mit Eimern abgedeckt, um *Ratten* abzuhalten. Das gelingt damit auch. Allerdings würde es genügen, die Pfähle mindestens zehn Meter vom Ufer entfernt zu setzen, dann sind sie in der Regel bereits rattensicher.

Entscheidend ist jedoch, dass Bruthütten andere, fliegende Eierliebhaber geradezu anziehen. So entdecken Raben- und Nebelkrähe sehr schnell, was es mit den Bauwerken auf sich hat. Die meisten Bruthütten sind überdies noch so konstruiert, dass sie für Krähen geradezu zu Luxusrestaurants werden. Was dem Naturnest am Ufer meist fehlt, die freie Landeplattform, viele Bruthütten haben sie. Bruthütten, die nur nach einer Seite offen sind,

45

werden überdies sehr schnell zu regelrechten Entenfallen, weil sie der brütenden Ente bei Erscheinen eines Feindes jede Fluchtmöglichkeit nimmt. Sie sitzt gefangen.

Viele Bruthütten werden von den Enten – selbst bei Mangel an natürlicher Nistgelegenheit – gar nicht angenommen, weil sie nicht ihrem Bedürfnis nach Sicherheit entsprechen. Die brütende Ente will – auch wenn sie in der Natur unter Sträuchern brütet – ihre Umgebung im Auge haben. Sie muss sehen, was sich im Bereich um das Nest tut. So brütet sie – in der Regel – auch nicht in einer bis auf den Einschlupf geschlossenen Kiste. Früher wurde in den Jagdzeitschriften die Verwendung von ausgedienten Milchkannen empfohlen. Solche waren in großer Zahl übrig, als die Molkereien den Bauern das Kühlen der Milch zur Auflage machten. Ebenso gut ließen sich mit Deckel und Loch versehene Gurkeneimer als Meisennistkästen aufhängen – garantiert mardersicher. Wir sollten einfach einmal über unsere Glaubwürdigkeit als Naturschützer nachdenken; wer soll uns denn noch ernstnehmen, wenn wir den ausrangierten Metallschrott der Viehhaltung in die Landschaft schleifen und dort als Hegeeinrichtung anbieten?!

> Bei 42 °C beginnt das Eiweiß zu gerinnen, die Eier sind damit verloren! Die Temperatur in Milchkannen oder oben und seitlich geschlossenen Bruthütten aus Holz (Brettern) steigt aber, je nach Lufttemperatur und Sonneneinstrahlung, nicht selten auf über 60 °C.

Der Mensch überträgt seine eigenen Bedürfnisse häufig auf Wildtiere. Das gilt für die Nahrungsaufnahme wie fürs »Wohnen«. So soll der Bruterfolg dadurch erhöht werden, dass es nicht mehr auf die brütende Ente und das Gelege regnet. Tatsächlich aber wirkt sich ein den Regen abweisendes Dach eher kontraproduktiv aus. PANZER, Berufsjäger im Dienste des Landesjagdverbandes Rheinland-Pfalz, verwies mit Recht darauf, dass in Bruthütten, deren Dächer mit Pappe belegt sind und die nur einen Einschlupf haben, Eier in erhöhter Zahl wegen mangelnder Luftfeuchtigkeit absterben. Doch manch gedankenloser Heger bohrt sogar in die Böden der Bruthütten Löcher, damit das von der Ente eingetragene Wasser ablaufen kann. Dies ist nun völlig absurd, weil die Ente dank ihres höchst effizient eingefetteten Gefieders überhaupt kein Wasser ins Nest eintragen kann.

Den Küken bieten Nisthilfen ohnehin keinen Schutz. Enten sind schließlich typische *Nestflüchter*, die nach dem Schlüpfen alsbald der Mutter ins Wasser folgen. Dort und am Ufer lauert das volle *Gefahrenspektrum* auf sie: Krähen, Elstern, Rohrweihen, Fuchs, Marderhund, Steinmarder, Iltis, Mink, Fischotter, Bisam, Wanderratte, Hecht und Wels. Je spärlicher die Ufervegetation und je höher die Jungentendichte, umso mehr ihrer Liebhaber werden angezogen, und umso radikaler können diese aufräumen! Logisch: 20 gelbe Küken auf blankem Wasser fallen mehr auf und sind leichter zu erbeuten als fünf Küken zwischen nach oben abschirmenden Halmen und gegen Angriffe von unten schützende Beete voller Wasserpflanzen!

Finden Enten am Ufer akzeptable Nistplätze, ziehen sie diese jeder künstlichen Behausung vor. Zu der kleinen Forstverwaltung im Voralpenland, in der Verfasser ein Jahrzehnt tätig war, gehörten auch mehrere umschilfte Weiher, die alljährlich bejagt wurden. Dem nachdrücklichen Wunsch des Besitzers entsprechend wurden sie – so diskret als möglich – mit Bruthütten bestückt, jedoch hat in zehn Jahren nicht ein einziges Mal eine Ente in solchem Bauwerk gebrütet. Jungenten gab es indes mehr als genug.

Von einer bescheidenen Zahl Entenküken überleben in gesundem und damit auch nahrungsreichem Gewässer meist mehr als von einer großen Zahl in blanker Lache.

Fütterung und Kirrung

Der Deutsche Jagdschutz-Verband schreibt in seinem DJV-Handbuch zum Thema Fütterung bzw. Kirrung von Wildenten:

»Die meisten Wildenten haben eine günstige Bestandssituation. Bei den zur Jagd freigegebenen Wildentenarten, vor allem der Stockente, kann die Bestandsentwicklung eine intensive Bejagung erfordern.

Wildenten bedürfen einer Fütterung in der Regel nicht.

Gegen die Anlage von Kirrungen ist, wenn sie sachgemäß durchgeführt wird, grundsätzlich nichts einzuwenden.

Wenn eine Kirrung von Wildenten erfolgt, ist aus ökologischen Gründen folgendes zu beachten:

➤ *Zur Kirrung dürfen nur artgerechte Futtermittel (Mais und/oder Getreide, nicht jedoch Bäckereiabfälle, Südfrüchte, Küchenabfälle etc.) verwendet werden.*

➤ *Zur Kirrung dürfen nicht mehr Futtermittel ausgebracht werden, als die Enten erfahrungsgemäß in einer Nacht aufnehmen.*

➤ *Der Gesetzgeber schreibt vor, dass zur Kirrung eingesetzte Futtermittel grundsätzlich nicht ins Wasser gelangen dürfen.*

➤ *Am Ufer muss die Kirrung so angelegt werden, dass Gewässer und Feuchtgebiete nicht verunreinigt werden.*

➤ *Diese sowie weitere gesetzliche Ge- und Verbote des Bundes (z.B. § 20, 20c BNatschG) und der Länder sind zu beachten.«*

Stockenten werden im Revier draußen – das wollen wir ganz klar festhalten – nicht gefüttert, um sie vor dem Hungertod zu bewahren. Das ist auch nicht notwendig. Wenn die Nahrung knapp wird, ziehen sie weg. Man kann sie auch nicht durch Fütterung ganzjährig im Revier halten, denn sobald sich auf dem Gewässer Eis bildet, müssen sie weiter oder werden Opfer von Prädatoren. *Freilebenden Entenküken* kann man mit Futter ohnehin nicht helfen, denn sie sind auf feine tierische Nahrung, anfangs überwiegend Insekten, angewiesen.

Gerade eine wirklich in die Notzeit hineinreichende Entenfütterung ist

gedankenlos und schadet den Tieren sogar, weil sie deren natürliche Reaktionen (z.B. rechtzeitige Flucht vor Frostperioden) unterdrückt und vermutlich im Laufe mehrerer Generationen auch tilgt. Gefüttert wird freilich nicht nur von den Jägern, sondern weit umfangreicher von Tierfreunden.

Entenkirrung, mit Augenmaß und Sachverstand betrieben, kann durchaus vertretbar sein. Sie vermag sehr wohl Bestrebungen des Naturschutzes zu unterstützen. Allerdings ist das nur dann und dort der Fall, wo im Gegenzug in Teilbereichen die Jagd ruht.

Durch regelmäßiges Füttern in den Parks und an Gewässern innerhalb der Ortschaften verlieren Enten ihr natürliches Verhalten und weichen auch strengem Frost nicht mehr aus.

Das hat zur Folge, dass immer mehr *Stockenten* das Leben auf städtischen Kleingewässern – mitten unter den sie fütternden Rentnern und Mamis – dem Überlebenskampf in freier Landschaft vorziehen. Kein Zweifel, die Stockenten »verhausschweinen«!

Fütterung, egal ob im Stadtpark oder draußen im Revier, veranlasst die Enten länger zu bleiben als sie dies ohne Fütterung täten. Ihre innere Uhr wird angehalten, ihre natürlichen Instinkte vom bequemen Fraß überlagert, alte Zuggewohnheiten unterdrückt. Es besteht die Gefahr, dass »Stadtenten« von Generation zu Generation scheibchenweise ihrer Überlebenstauglichkeit verlieren.

Kaum beachtet wird, dass intensive Fütterung mit Getreide, insbesondere aber mit Mais, erwachsene Enten nicht nur fett macht, sondern zusätzlich ihre Legeleistung mindert!

Wozu also werden Enten überhaupt gefüttert? Um sie abzuschießen! Jagdgegner und Kritiker der Entenjagd werden jetzt natürlich laut aufschreien – also doch, na endlich ... Doch die Verteufelung des weithin üblichen Anfütterns von Enten zum Zwecke der Erlegung ist in ihrer *Ausschließlichkeit* nicht gerechtfertigt. Ob sich solche Praktiken dem Begriff Hege zuordnen lassen, bedarf der Betrachtung des Einzelfalles.

49

Als Beispiel mögen die größeren und infolge Eisfreiheit als Überwinterungs-gewässer wichtigen Flüsse und Ströme gelten. An ihnen wird meist sehr intensiv und gleichwohl wenig effektiv gejagt. Der Störeffekt steht vielfach in keinem Verhältnis zur erzielten Strecke. Andererseits bezahlen Jäger nicht Jagdpacht um ungestört rastende Wasservögel beobachten zu können.

Ihnen geht es beim Pachten eines Reviers primär um die Möglichkeit, etwas schießen zu können. Birdwatching, Sonnenbaden, Bootfahren und Schlitt-schuhlaufen darf jedermann ohne Jagdpachtvertrag. Warum also den Jägern nicht gestatten, im »Hinterland«, dort wo die Jagd (die Schüsse) weniger stört als am Hauptgewässer, zu kirren und an der Kirrung zu schießen? Dies insbesondere unter dem Aspekt, dass Kirrungen fast nur von *Stockenten* aufgesucht werden.

Ob nun an einem künstlichen Teich, einem Altarm, einem Baggersee oder an einem Bachlauf gekirrt wird ist nicht so entscheidend. Wichtig ist nur, dass durch die Lage und Art der Kirrung keine Nachteile für die Umwelt entstehen und dass das Ganze mit Gefühl und Rücksichtnahme betrieben wird.

Die Übergänge zwischen vertretbar und indiskutabel sind fließend. Da sei an den kleinen Teich hinter dem Bauernhof erinnert. Der Jäger füttert dort die Enten an und schießt so viele wie möglich. Er sieht nichts Anstößiges an seinem Tun. Seine Kritiker dagegen sehen das völlig anders. Sie beurteilen den selben Sachverhalt als unweidmännisch und rechtlich zweifelhaft. Wäre nun an Stelle des kleinen Teiches ein vom Wind umgedrücktes Haferfeld, und würde der Jäger dort die Enten erlegen, nähme kaum jemand Notiz davon – alles in Ordnung!

Neben der Bleikontaminierung von Gewässerböden und Uferzonen stellt sich in Flachwasserbereichen das Problem der Aufnahme von Bleischroten durch gründelnde Enten. Die Kugeln bleiben in den Mägen liegen und erfüllen die Funktion von Magensteinchen. Nach einiger Zeit wirken sie toxisch.

ZUUR [1982, zitiert bei RUTSCHKE] beziffert das Vorkommen von Bleischroten in Entenmägen für Dänemark auf 17,7 % und für Frankreich auf 17,3 %. In Westjütland (Dänemark) fand man in den Böden stark bejagter Gewässer bis zu 1837 Schrote/m^2, eine enorme Menge.

Wenn schon Kirrung, dann nur mit folgenden Einschränkungen:

➤ Keine Verwendung von Bleischroten,
➤ keine Kirrung im Flachwasser,

➤ keine großen Futter-
mengen,

➤ kein Massenabschuss,

➤ Kirrplätze spätestens nach
zwei Jahren wechseln.

Der Jäger wird nach geeigneten Kirrmitteln fragen. Vielfach werden *Lebensmittelabfälle* aller Art ausgebracht,
häufig sogar ins Wasser
geschüttet. Essensreste aus
Gasthäusern, alte Backwaren
und ähnliche Stoffe sind aber
sicher keine geeigneten Kirr-
mittel und führen in Verbin-

Stock- und Reiherente sowie Blässhühner
ersetzen vielen Menschen das fehlende
Haustier.

dung mit Nässe zur *Verunreinigung der Ufer* (siehe auch Stellungnahme des
DJV, Seite 47). Einige Bundesländer haben das Ausbringen von Lebensmit-
teln als Futter- oder Kirrstoffe in ihren Landesjagdgesetzen beziehungsweise
in den Durchführungsverordnungen ausdrücklich verboten. Andererseits darf
nicht übersehen werden, dass sich Nicht-Jäger an den Gewässern innerhalb der Ortschaften oder auch in der freien Landschaft keine derartigen
Beschränkungen auferlegen. Dazu nur ein Beispiel. Auf den innerstädtischen
Teichen und Fließgewässern des Städtchens Isny im Allgäu verfüttert das
Publikum, mit Ausnahme der Brutzeit, in der viele Enten die Gewässer mit
ihren deckungsarmen Ufern verlassen, pro Tag rund 25 kg Backwaren an die
Enten. Das entspricht 80 dt pro Jahr! Kein Kommunalpolitiker, keine Naturschutzbehörde und keine private Naturschutzorganisation sieht sich veran-
lasst oder würde es wagen, dagegen etwas einzuwenden. Was aber wäre los,
käme ein Jagdpächter auf die Idee, außerhalb der Stadtgrenzen derartige
Mengen verdorbener Lebensmittel in ein Gewässer zu kippen?!

Gerne genommen und zwar sowohl vom Gewässerboden (Gründeltiefe) wie
vom Kirrfloß oder Ufer wird *Getreide*, insbesondere *Mais*. Allerdings zieht
jedes Getreide Vögel, Mäuse und Ratten an. Wenig Probleme gibt es bei
Verwendung von *Eicheln*. Sie darf man in kleineren Mengen auch getrost ins
Wasser schütten. Wo am Ufer fruktifizierende Eichen stehen, finden sich
fast immer Enten ein – eine ganz natürliche Kirrung!

Gelegentlich werden Entenfütterungen auch im Spätwinter oder zeitigen Frühjahr begonnen. Mit Futter, meist Mais, sollen heimwärts ziehende Stockenten aufgehalten werden, in der Hoffnung, sie mögen am betreffenden Gewässer brüten. Die Erfolge solcher Fütterung sind nicht gerade überwältigend, einfach weil Stockenten ziemlich brutplatztreu sind. Trotzdem bleiben einzelne immer wieder an unseren »Sozialstationen« hängen und schreiten auch zur Brut. Insofern mag man unter bestimmten Voraussetzungen Verständnis aufbringen. Andererseits führt die Brutplatztreue der bei uns geschlüpften Enten – so sie nicht irgendwo erlegt wurden oder anderweitig ums Leben kamen – diese auch immer wieder ins Brutrevier zurück. Die Frühjahrsfütterung ist also, wenn erst einmal (gemessen an den natürlichen Grundlagen) genügend Enten bei uns geschlüpft und großgeworden sind, entbehrlich.

Aussetzen: Weidwerk im Hühnerhof

Vor allem in USA, Dänemark, Ungarn, Tschechien und Frankreich, aber vereinzelt auch im norddeutschen Raum und in Österreich werden Enten in großem Stil künstlich erbrütet und aufgezogen.

Besonders fragwürdig ist das Freisetzen von so genannten *Hochbrutflugenten*. Heute findet man an fast allen größeren Gewässern optisch mehr oder weniger stark auffallende Bastarde. Dabei sind weibliche Mischlinge meist schwer zu bestimmen, doch auch bei den Erpeln sind die Merkmale nicht immer auf den ersten Blick erkennbar.

Fairerweise muss jedoch beigefügt werden, dass Geflügelzüchter mehr zur Bastardierung beigetragen haben als die Jäger. Nicht zuletzt sorgt schon die vielfach urbane Lebensweise wilder Stockenten für die Zufuhr von Hausentenblut. Die Tatsache, dass eine Ente ein absolut wildfarbenes Gefieder trägt, sagt gar nichts darüber aus, ob in ihr Erbanlagen von Hochbrutflugenten oder Hausenten vorhanden sind. Sie können schon bei der nächsten Generation in Erscheinung treten.

Im Prinzip können sich Wildenten verschiedener Arten fruchtbar miteinander paaren. So kommt es – vor allem bei hoher Besiedlungsdichte, etwa auf Parkgewässern – auch ohne direktes Zutun des Menschen immer wieder zu Bastardierungen. Solche gelingen vor allem zwischen Arten, die eng miteinander verwandt sind, etwa *Schellente* mit *Zwergsäger* [Goaders, 1987] oder *Moorente* mit *Tafelente* [Bezzel, 1987]. Diese wilden Bastarde spielen

In der Jagdpresse wird empfohlen, Bastarde bevorzugt und mit Nachdruck zu erlegen. Im normalen Jagdbetrieb, also bei Treibjagden, bei der Suche und auf dem Einfall ist das kaum möglich. Zwar werden dabei – zufällig – auch Bastarde erlegt, jedoch nicht zielgerichtet.

aber, verglichen mit den vom Menschen via Haus-, Lauf- und Hochbrutflug-ente verursachten, keine große Rolle.

Gezielter Abschuss von Bastarden mit dem Kleinkaliber funktioniert nur auf der Einzeljagd. Das ist jedoch keine ungefährliche Angelegenheit, weil die kleinen Geschosse beim flachen Schuss auf das Wasser leicht abprallen. Daher scheiden viele Gewässer aus. Zum Problem wird überdies, dass sich die bei uns brütenden Enten im Herbst zunehmend im bebauten oder bewohnten Gebiet aufhalten, also auf Bächen und Teichen innerhalb der Gemeinden oder in unmittelbaren, von Menschen stark besuchten Rand-bereichen. Auf diesen Gewässern ruht die Jagd zumeist, und selbst wenn sie es nicht tut, verbieten sowohl Sicherheitsaspekte als auch Rücksichtnahme auf die Gefühle anderer Menschen ihre Ausübung.

Hier eröffnet die Kirrung und der Ansitz mit dem Kleinkaliber gewisse Mög-lichkeiten. Allerdings wird den Jagdaufsehern in den guten Entenrevieren eine derartige Selektion (ein anrüchiges Wort!) fast immer erst nach den offiziellen Jagden gestattet. Dann aber sind die Enten äußerst misstrauisch und der Erfolg ist bescheiden. Vernünftiger und erfolgreicher ist es, markante Bastarde gleich zu Beginn der Schusszeit und äußerst diskret (der Jäger soll beim oder unmittelbar nach dem Schuss nicht in Erscheinung treten) herauszuschießen.

Aussetzaktionen werden immer wieder als »Besatzgründungen« oder »Besatzstützungen« deklariert. Allerdings wird kein vernünftiger Mensch im September genau jene Enten wieder totschießen, die er wenige Wochen früher zur Gründung oder Stützung eines Besatzes für teures Geld ausgesetzt hat.

RUTSCHKE verweist in diesem Zusammenhang auf Untersuchungen in Kanada. Danach produzieren handaufgezogene und freigelassene Stockenten unter Freilandbedingungen kaum Bruten. Dänische Untersuchungen [FOG, 1964] ergaben bei künstlich erbrüteten Stockenten Verluste bis zum 31. Dezember des ersten Lebensjahres in Höhe von 73,4 %. Nach einer anderen Studie FOGS [1971], lag die Sterblichkeit von 1539 künstlich erbrüteten Stockenten im ersten Lebensjahr gar bei 90,6 %. Deutlich besser, aber immer noch sehr hoch, war sie bei Stockenten, die im Freiland in Nistkästen erbrütet und anschließend künstlich gefüttert wurden, nämlich 70,3 %.

Einen (zweifelhaften) Sinn machen Aussetzaktionen demnach nur, wenn beabsichtigt ist, die Tiere baldmöglichst zu schießen.

Umgang mit Blässhühnern

Wir Älteren haben es noch alle so gelernt: Blässhühner sind streitsüchtig und vertreiben dadurch die Enten; daher müssen sie mit Nachdruck geschossen werden. Heute muss man sich wundern, dass dieser Unfug so viele Jahrzehnte von Praktikern – die es bei etwas Naturbeobachtung hätten besser wissen müssen – unwidersprochen blieb. Noch unverständlicher aber ist, dass es immer noch Ausbilder gibt, die derartige Weisheiten Jahr für Jahr gebetsmühlenhaft an neue Jägerjahrgänge weitergeben. Dabei muss man nur die Augen aufmachen, darf Gewässer und Enten eben nicht ausschließlich über die Laufschiene sehen. Doch was will man dem einfachen Jäger vorwerfen? Schließlich hat ihm die Wissenschaft Jahrzehnte hindurch empfohlen, was ihm heute angelastet wird.

Was die Schädlichkeit der Blässhühner betrifft, so lese man nur in »Diezels Niederjagd«, 16. Auflage, bearbeitet von D. MÜLLER-USING, Mitarbeiter des Institutes für Jagdkunde und Wildforschung der Universität Göttingen:

»Diese größte heimische Ralle ... ist als Wohnraumkonkurrent unserer wert-

54

Erwachsene Enten mausern jährlich zweimal, Gänse, Schwäne und Blässhühner hingegen nur einmal, und sie wechseln nicht ins Schlichtkleid.

vollen Entenarten, insbesondere der Stockente, zweifellos jagdschädlich. Brutgelegenheiten für Enten werden ja von Jahr zu Jahr knapper, und wo die ›zänkische Blässe‹ sich eingenistet hat, die durch ihren spitzen Schnabel den Breitschnäbeln überlegen ist, da bleibt sie Herr, weil sie ihr Brutrevier energisch zu verteidigen weiß.«

Eine Seite weiter wird übrigens die systematische Zerstörung der Blässhuhngelege als Mittel der Entenhege empfohlen ... Was für ein Glück, dass die Jäger manchmal vernünftiger waren als die Wissenschaftler!

Richtig ist, dass Blässhühner untereinander heftig streiten, vor allem wenn es um die Unverletzbarkeit *ihrer* Brutreviere geht. Doch gibt es auch zahlreiche Beispiele, wo sie in engster Nachbarschaft brüten. Gegenüber den Enten oder anderen Wasservögeln sind sie jedoch ausgesprochen verträglich, was schon dadurch belegt wird, dass beide Arten oft dicht nebeneinander ihre Gelege erbrüten, ohne zu streiten. Blässhühner regen sich auch dann nicht auf, wenn sie selbst auf dem Gelege sitzen und Stockenten dicht dabei der Nahrungssuche nachgehen. Eher kommt es vor, dass führende Enten Blässhühner vertreiben.

Eingedenk der Tatsache, dass ein wesentlicher Teil aller Wasservogelküken Beutegreifern zum Opfer fallen, muss gerade der vor allem an Stockenten interessierte Jäger froh über jedes – von den Enten ablenkende – Schof Blässhühner sein!

Einseitig und etwas einfach gedacht hieße das: besser Hecht und Rohrweihe haben neben Enten- auch Blässhuhnküken zur Verfügung, als *nur* Entenküken.

Rattenfutterkisten

Für viele Niederwildjäger gehört die Rattenfutterkiste zum festen Hegebestandteil. Zweifellos finden sich an jedem Gewässer Wanderratten, und ebenso sicher interessieren sich diese für Enteneier. Das ist besonders dort der Fall, wo Enten schon im Frühjahr und Sommer massiv gefüttert werden. Ratten sind jedoch einerseits sozial veranlagte und in festen Sippen organisierte Tiere, andererseits gibt es kaum ein Stück freier Landschaft, in dem sie nicht mindestens zeitweise präsent sind. Je mehr Ratten ich wegfange oder vergifte, umso mehr rücken nach. Auch durch eine massive »Absicherung« mittels Rattenfutterkisten gelingt es nicht, die Tiere dauerhaft zu verbannen.

Nun könnte man sagen: Wenn es schon nicht viel hilft, so schadet es doch nicht. Die Protagonisten der Rattenfutterkiste werben ja gerade mit der Behauptung, der Wirkstoff Cumarin, der in den Ratten die Blutgerinnung verhindert und sie dadurch verenden lässt, schädige ihre Verwerter nicht. Dies stimmt so jedoch nicht. Nach neueren Untersuchungen führt die Aufnahme vergifteter Ratten zur Anhäufung des Giftes in den Körpern der Verwerter, so dass diese selbst daran verenden können. In der Konsequenz werden also die Feinde der Ratten gleich mitvergiftet. Die Ratte gleicht durch eine hohe Vermehrungsrate Verluste schneller aus als ihre Feinde. Besonders betroffen ist der *Iltis*, der bevorzugt in Gewässernähe lebt und eifrig Jagd auf Ratten macht. Er hat durch die intensive Landwirtschaft – durch die Trockenlegung und Ausräumung der Landschaft – viel Lebensraum verloren. Anders als die Wanderratten rückt er nicht problemlos nach. Somit sind Vergiftungsaktionen gleich doppelt fragwürdig, ja unsinnig; man wird zwar die Ratten nicht los, eventuell aber deren erfolgreichsten Feind.

Grundsätzlich ist es verboten, jagdbares Wild zu vergiften. Das gilt auch über den Umweg der Rattenfutterkiste. Deren ständige Empfehlung in den jagdlichen Blättern ist demnach nichts anderes als Aufrufe zur Ordnungswidrigkeit, Tierquälerei und Verstöße gegen die Weidgerechtigkeit. Man vergiftet dem Iltis das Futter und damit ihn.

Die Wege

Stilllegung von Gewässerteilen

Zweifellos gibt es einen Zusammenhang zwischen Qualität und Intensität
der Jagd und der Zahl der auf einem Gewässer rastenden Enten. Nach
Untersuchungen von Reicholf an den Inn-Stauseen, reduziert sich die Zahl
der anwesenden Enten bei starker Bejagung um bis zu 80 %.
Jagd und Naturschutz gleichermaßen käme entgegen, wenn es den Jägern
gelänge, zumindest für die Nutzung der größeren Gewässer Konzepte durch-
zusetzen. Diese sind nur von Wert, wenn nennenswerte Teilbereiche von
Freizeitaktivitäten wie Badebetrieb, Surfen, Segeln und Angeln ausgenommen werden. Das ist nicht ohne Zugeständnisse der Jägerschaft erreichbar.
Wie diese aussehen sollen, muss im Einzelfall entschieden werden. Eine
Beschränkung der Jagd auf Teile der Ufer ist nicht unbedingt der Weisheit

Die meisten Gewässer beansprucht die Freizeitgesellschaft. Draußen Segler,
Surfer und Schwimmer, am Ufer sitzen die Angler. Ruhezonen für Wasserwild
wären dringend erforderlich.

57

letzter Schluss, weil die Wasservögel eine solche Strategie sehr schnell durchschauen und sich nur noch in den jagdfreien Bereichen aufhalten. In der Mehrzahl der Fälle wären zeitliche Jagdbeschränkungen, also nur wenige Jagdtage und dazwischen lange Ruheintervalle wohl für beide Seiten zielführender. Denkbar wäre aber in gewissen Situationen auch die völlige jagdliche Stilllegung einzelner Stillgewässer oder von größeren Fließgewässer-Abschnitten, vor allem dann, wenn die Jäger Ausweichmöglichkeiten haben.

Was zunächst wie eine drastische Beschneidung der Jagdmöglichkeit klingt, könnte sogar zu höheren Entenstrecken führen.

Anlage von Stillgewässern

Die Schaffung neuer Stillgewässer ist ökologisch immer eine lohnende, aber auch eine sehr aufwendige Sache. Die meiste Mühe macht dabei nicht die eigentliche Bauausführung, sondern die Planung und insbesondere das Genehmigungsverfahren. Alle Teiche, die größer als ein paar Quadratmeter sind (landesrechtliche Unterschiede!) sind genehmigungspflichtig. Erbracht werden müssen in der Regel:

➤ Lageplan,

➤ Zeichnungen mit Längs- und Querschnitt des Gewässers,

➤ Berechnung von Zu- und Ablauf (entfällt bei so genannten Himmelsteichen), die nur durch Niederschläge gespeist werden,

➤ Einverständnis über die Wasserentnahme,

➤ Einverständnis über die Abführung des Überwassers.

Grundsätzlich unterschieden wird zwischen Grundwasserteichen, Himmelsteichen, gespeisten Teichen und Durchflussteichen.

Grundwasserteiche: Die Uferkante liegt nur wenig über dem Grundwasserspiegel, dieser muss nur durch Ausbaggerung freigelegt werden.

Himmelsteiche: Sie werden nur durch Niederschläge gespeist und haben wie die vorgenannten keinen Ablauf und keine Verbindung mit Fischgewässern. Daher werden sie auch leichter genehmigt.

Gespeiste Teiche: Sie beziehen ihr Wasser in der Regel von einem Fließgewässer oder aus einem anderen, größeren Stillgewässer, ohne das Wasser wieder weiterzuleiten. Ihr Problem ist der Schlammeintrag. Es mag zwar lange dauern, aber irgendwann müssen sie ausgebaggert werden, oder sie wachsen zu.

Durchlaufteiche: Bei ihnen handelt es sich um verbreiterte Abschnitte von Fließgewässer oder verbreiterte Umleitungen. Auch in ihnen lagern sich Schlamm, Sand und Kies ab. Man sollte daher zumindest am Einlauf eine Stelle vorsehen, von der aus bei Bedarf Material ausgebaggert werden kann.

Das Aufwändigste beim Bau eines Teiches ist das Genehmigungsverfahren. Hier blockt oft der Naturschutz ab.

Abdichtung: Wird ein geplanter Teich nicht ausreichend mit Grundwasser oder von einem durchlaufenden Bach gespeist, ist eine gute Grundabdichtung mit Lehm oder gar Ton die Voraussetzung. Solche Dichtungsschichten erleiden beim maschinellen Aushub der Teichmulde mit Maschinen schnell Beschädigungen. Als Bauherr muss man bei den Arbeiten unbedingt anwesend sein, um notfalls wieder Lehm auftragen und festwalzen zu lassen. Ansonsten kann der Teich schnell zum Dauerärgernis werden.

Dammbau: Probleme gibt es häufig beim Dammbau. Nicht selten werden, in der Annahme, den Damm damit zu »stabilisieren«, Steine oder Holz verbaut. Beides ist denkbar schlecht. Holz fault mit der Zeit, wodurch Hohlräume und mürbe Stellen entstehen. Steine sind Angriffstellen für Sickerwasser. Besonders viel Sorgfalt ist beim Einbau der Ablassrohre erforderlich. Ein dickes, gestampftes Lehmbett und eine dicke Ummandelung der Rohre ebenfalls mit Lehm ist ungleich besser als eine Betonsohle.

Mönche: Ablasseinrichtungen ziehen immer Neugierige an. Am besten ist es, den Mönch im tiefen Wasser, also ein paar Meter vor dem Ufer zu platzieren und beide nicht mit einem festen Steg zu verbinden. Von den Mönchen werden im Handel zwei Typen angeboten: solche mit Ober- und solche mit Unterwasserabzug. Für unsere Zwecke sind letztere am besten, weil sie das kalte Grundwasser abziehen und das wärmere Oberwasser erhalten. Man kann Mönche auch selbst betonieren oder aus Holz bauen. Wichtig sind doppelte Spundwände, zwischen die Sägemehl geschüttet wird. Dieses quillt im Wasser stark auf und dichtet so zuverlässig ab.

Hochwasserschuss: Notwendig ist in der Regel ein Hochwasserschuss, der am besten seitlich über Land angelegt wird. Je nach Untergrund und Gefälle muss man ihn betonieren, mit groben Bruchsteinen auslegen, oder zumindest mit Holz verbauen.

Uferform und –profil: Die Zahl an Pflanzen- und Tierarten, die sich an und um ein Gewässer ansiedeln, hängt ganz wesentlich von dessen Form ab.

■ Die Natur kennt keine Gerade!

Je buchtenreicher die Uferlinie und je unterschiedlicher Gefälle und Tiefe des Gewässerbodens sind, vor allem im ufernahen Bereich, umso mehr Kleinstandorte entstehen und umso mehr Arten können sich ansiedeln. Schmale Halbinsel, auch wenn sie nur wenige Meter lang sind, werden lieber als Nistplätze angenommen als gerade Ufer oder Buchten. Ideal sind immer Inseln, für deren Uferlinien das eben Gesagte vollinhaltlich gilt. Mehrere kleine Inseln sind wiederum besser als eine große.

Eigentlich verwunderlich, dass in unseren Wäldern nur so wenige Feuerlöschteiche gebaut wurden. Die Kosten halten sich in Grenzen, und für die Landschaft sind sie ein Gewinn.

Flüsse mit natürlichen Ufern und reichem Pflanzenwachstum werden immer
seltener. Doch mit dem Uferverbau schwindet die Artenvielfalt.

Viel Ärger durch Publikum lässt sich vermeiden, wenn die Planung so erfolgt, dass das Hinterland der ökologisch wichtigsten Uferabschnitte so stark vernässt ist, dass man es mit Halbschuhen nicht begehen kann. Man wird dem Publikum den Zutritt zum Ufer nicht völlig versperren können; um den einen oder anderen Pfad zum Wasser kommen wir meist nicht herum. Wo der Uferbereich gleich so stark ansteigt, dass eine Vernässung nicht möglich ist, lässt sich mit Astablagerungen in Form von Benjeshecken etwas machen (siehe auch Kopfweidenpflege – Entenhege). Auf trockeneren und ausreichend hellen Standorten werden derartige Asthaufen schnell von der Brombeere erobert – die beste Abwehr ungebetener Besucher.

Pflanzenansiedlung: Vielen Teichbauern fehlt die Geduld, weshalb sie in Flachwasserzone und Uferbereich Pflanzen einbringen. Das ist eigentlich unnötig, denn die Natur schafft – im Laufe einiger Jahre – alles herbei, was zum jeweiligen Standort passt. Es dauert nur etwas, und das Artenspektrum unterliegt der Sukzession. »Lieferanten« für das Saat- und Pflanzgut sind neben dem Wind vor allem Vögel.

Trotzdem ist es meist sinnvoll, zumindest im Bereich der flachen Uferzonen, der erwünschten Weichholzaue durch Pflanzung etwas auf die Sprünge zu helfen. Dahinter, im trockeneren Randbereich, sind Dornsträucher (Weißdorn, Wildrosen) als Schutzgürtel zu empfehlen. Damit wird das Publikum wenigstens etwas vom Ufer abgehalten. Je nach Lage des Teiches (Wanderwege, Siedlungsnähe) kann es jedoch ratsam sein, schon bei der Planung einen geregelten Zugang ans Ufer vorzusehen.

Fischbesatz: »Ökoteiche« sollten nicht mit Fischen besetzt werden, es sei denn, man versteht sie primär als »Reiher-« oder »Eisvogelteiche«. Die bald schon einfallenden Enten sorgen trotzdem für den Fischbesatz. Was sie am Gefieder haftend oder über ihre Gestüber eintragen ist vorwiegend Weißfischlaich.

RUTSCHKE verweist darauf, dass bestimmte, zu starker Vermehrung neigende Weißfischarten im Wasser schwebendes oder am Grund befindliches Futter in so starkem Maße nutzen können, dass sie für die Enten zur Konkurrenz werden. In direkter Konkurrenz zu den Wildenten stehen auch die in den letzten Jahren bei uns ausgesetzten Graskarpfen. Diese fressen systematisch besonders die Wasserflora an der Oberfläche und dicht darunter ab.

In diesem Zusammenhang muss noch ein Wort zum nicht immer ganz objektiven Verhältnis mancher Jäger zu Reiher und Kormoran gesagt werden.

Beide Arten fangen überwiegend Fische, die als Nahrungskonkurrenten der Wildenten betrachtet werden müssen, und sie tasten die Enten selbst nicht an. Konsequenterweise müsste sich der Jäger also über sie freuen! Angler, Teichwirte und Berufsfischer sehen das nicht so, weil sie eine völlig andere Interessenslage haben.

Auflichtung großer Schilfflächen

Häufig werden große, geschlossene Schilfflächen als für Wasservögel besonders günstige Lebensräume angesehen. Dies trifft aber nur für sehr wenige Arten wie etwa die Rohrdommeln zu. Enten, Gänse, Blässhühner und Taucher können mit Schilfurwälder nicht viel anfangen. Sie akzeptieren das Schilf zwar, und es bietet ihnen als »Rückwand« auch gewissen Schutz, aber sie brauchen in erster Linie Wasserflächen die entweder das Gründeln oder Tauchen oder zumindest das halbwegs ungehinderte Schwimmen zur Nahrungsaufnahme ermöglichen.

Große Schilfflächen sollten aufgelichtet werden, wenn nicht anders möglich entlang der Ufer. Verhindert werden solche Vorhaben meist von den Naturschutzbehörden.

Das ist leichter gesagt als getan. Aus der eigenen Praxis weiß Verfasser, dass Naturschutz und Kreisverwaltungen (die für den Naturschutz zuständig sind) hier oft unglaublich stur und dogmatisch reagieren. Vor allem der Naturschutz hat den Hang, immer »Momentaufnahmen« bewahren zu wollen. Und natürlich findet sich überall irgend ein Vogel, der zusammenhängende Schilfflächen als Brutort bevorzugt. Aber es geht ja auch nicht um die Vernichtung großer Schilfflächen, sondern nur um eine sparsame Auflichtung oder Gliederung. In jedem Fall muss der Eigentümer oder Nutzungsberechtigte einer Schilffläche – ehe er den Bagger anrücken lässt – die Maßnahme bei der zuständigen Kreisbehörde (untere Naturschutzbehörde), in Österreich bei der Bezirkshauptmannschaft, beantragen.

Selbst wenn die Behörde grünes Licht erteilt, ist noch lange nicht gebaggert. In der Regel wird man Schilfflächen nur bei tief gefrorenem Boden befahren können und dann nur mit einem leichteren Raupenbagger. Die ausgehobenen Kanäle sollten nicht unter zwei Meter breit und um die eineinhalb Meter tief sein. Hält man sie flacher, verlanden sie sehr schnell; schmäler wachsen sie ruckzuck zu. Das Aushubmaterial kann als flacher »Damm« direkt neben den Kanälen abgelagert werden und wird schon im ersten Frühjahr nach dem Ausbaggern nicht mehr zu sehen sein. Oder man schafft damit innerhalb des verbleibenden Schilfes kleine Inseln, die dann sehr schnell von Brennnessel, Nachtschatten und Strauchweiden erobert werden. Vor allem letztere stellen innerhalb der Schilfflächen eine Bereicherung dar, die von vielen Vogelarten angenommen wird.

Bei der unauffälligen Moorente *(Aythya nyroca)* bleiben die Erpel während der Brutzeit in der Nähe ihrer Weibchen und fliegen mit diesen in den Brutpausen zur Nahrungssuche.

Reiherenten *(Aythya fuligula)* wanderten erst vor etwa hundert Jahren nach Mitteleuropa ein. Heute finden sich im Sommer große Mausergesellschaften aus Nichtbrütern.

Was für Uferlinien gilt, gilt mit Einschränkung auch für derartige Kanäle oder Löcher im Schilf: Sie sollten möglichst kurven- und buchtenreich sein. Natürlich ist das einfacher gefordert als getan, einfach weil das sumpfige Gelände die Bewegungsfreiheit eines so schweren Gerätes stark einschränkt. Denkbar ist auch das mehr oder weniger parallele Ausheben zweier oder mehrerer Gräben, die durch Querverbindungen zu Inseln werden. Sinnvoll sind überdies »Ringkanäle« in der äußeren Schilfzone, die dahinter liegende Bereiche stilllegen.

Das größte Problem nach der Genehmigung ist und bleibt die Befahrbarkeit des weichen Untergrundes. Die besten Ansatzpunkte, sich vorzutasten, bieten Ein- oder Abflüsse.

Verwiesen werden darf an dieser Stelle auf das 430 ha große Wollmatinger Ried am Bodensee, einem Wasservogelrastplatz von internationaler Bedeutung. Dort wurde bereits 1976 – zur Hebung der Artenvielfalt! – ein ganzes Labyrinth von Teichen und Kanälen ins Schilf gebaggert, was zwar den Protest eines Teiles der Naturschutzbewegung hervorrief, von den verschiedensten Wasservogelarten aber durchaus honoriert wurde.

Wo das Ausbaggern nicht möglich ist, bringt schon die regelmäßige Mahd des Schilfes im Winterhalbjahr eine gewisse Verbesserung. Allerdings sollte dann nicht großflächig, sondern eher in kleinen Sektoren gemäht werden.

Entengerechte Pflege von Fließgewässern

Irgendwann schwimmen wohl in jedem Bach ein paar Enten. Aber Bäche, in denen sich Enten dauerhaft wohlfühlen und regelmäßig aufhalten sollen, müssen deren Grundbedürfnisse erfüllen. Dies sind:

➤ keine permanente Störung durch Menschen,
➤ ausreichend Deckung,
➤ ein Mindestmaß an Nahrung,
➤ sichere Sitzmöglichkeit,
➤ geeignete Nistplätze.

Die Reihenfolge der Bedürfnisse ist überlegt und nicht zufällig gewählt. Bäche in der freien Landschaft, die regelmäßig vom Menschen aufgesucht werden, etwa weil neben ihnen ein vielbegangener Weg läuft, sind für Enten nicht besonders attraktiv; sie fallen dort höchstens am Abend ein. Auf Bachläufen, die Deckung bieten, halten sich zumindest hin und wieder auch am Tage ein paar Enten auf. Bietet das Gewässer überdies noch Nahrung, finden die Besuche bereits regelmäßig statt. Sind zudem im, beziehungsweise dicht über dem Wasser »feindsichere« Sitzmöglichkeiten vorhanden, auf denen sich die Enten ungestört ausruhen und sonnen können, fühlen sie sich schon richtig wohl, auch wenn die Ufervegetation keine oder nur wenige gute Nistplätze bereithält. Enten brüten mitunter weitab von Gewässern oder an geeigneten Stellen in deren Nähe. Gerne werden Gelege in Mähwiesen getätigt, und das Gelege mag darin sogar sicherer sein als direkt am Ufer. Doch sobald die Küken geschlüpft sind, müssen sie der Mutterente zu Fuß zum nächsten Wasser folgen. Solche Märsche sind gefahrvoll, und viele Küken gehen verloren, ehe sie das Wasser erreicht haben. Das ideale Enten-Fließgewässer weist daher eine üppige – gelegetaugliche – Ufervegetation auf.

> Die beliebteste Brutdeckung der Stockente sind Brennnesselfelder am Ufer!

Ausreichend breite *Brennnesselstreifen* sind als Neststandorte besser als Bruthütten. Sie werden vom Menschen ebenso gemieden wie von den meisten Beutegreifern und sie bieten etwa ab Mitte April nach oben Sichtschutz. BEZZEL [1967] fand in einem oberbayerischen Teichgebiet 35,5 % aller Stockentennester in Brennnesselfeldern, hingegen nur 8,5 % im Schilf!

Gerne angenommen wurden Weidenbüsche mit 19%, hohes Gras 14,5% und Brombeerhecken mit 13%. In Seggenfeldern, gemeinhin als »ideale Niststandorte« gehandelt, fanden sich nur 4% der Gelege. Solche Zahlen sagen freilich nichts über das mengenmäßige Angebot der aufgezählten Requisiten aus.

Vor allem im norddeutschen Raum sind Hunderte Kilometer Fließgewässer ohne begleitende Büsche oder Bäume. Sie behindern die routinemäßig durchgeführte mechanische Gewässerreinigung. Vor allem in nur mäßig schnell fließenden und stark eutrophierten Gewässern schießen Wasserpflanzen (v. a. Wasserhahnenfuß, Laichkraut und Wasserpest) stark ins Kraut und reduzieren dadurch die Fließgeschwindigkeit. Für den Grundwasserspiegel und den Wasserhaushalt insgesamt ist dies durchaus positiv. Es entspricht jedoch nicht den Vorstellungen vieler beamteter Wasserbauer und gewässeranliegender Landwirte.

Voraussetzung für eine üppige Unterwasserflora ist aber neben einem entsprechenden Nährstoffgehalt auch *Besonnung*. Sonnseitig die Gewässer begleitende Gehölze bremsen das Wachstum unter Wasser mehr als der meist jedes zweite Jahr erscheinende Bagger. Wenn es denn unbedingt sein muss, kann das schattseitige Ufer für den Maschineneinsatz frei bleiben.

Typische aber keineswegs ideale Gewässer-Begleitbäume sind Pappeln. Für die Ufersicherung sind sie jedoch wertlos, ebenso für Enten, Rallen und zahlreiche andere

Viele Flüsse wurden in ein künstliches Bett gezwängt, die Ufer werden regelmäßig geräumt. Hier fühlen sich Enten nicht besonders wohl.

67

Gewässer- und Uferbewohner. Auch die Esche, die vor allem in Süddeutschland zuweilen die Pappel ersetzt, bringt nicht viel. Strauchweiden, die sich zu wahren Wildnissen auswachsen können und gerne übers Wasser hängen, sind durchaus entenfreundlich; dem Uferschutz dienen sie nur bedingt. Dies ist Sache der Erlen, die mit ihren Wurzeln ein dichtes Netzwerk bilden und gelegentlich sogar unter die Bachsohle vordringen. Insgesamt gesehen ideal ist die Kombination aus beiden, garniert mit der einen oder anderen Pappel, Esche oder auch Eiche (Früchte!) – je nach Standort.

Enten mögen ausgeschwemmte, leicht unterhöhlte Ufer ebenso wie überhängende Äste. Beides bietet ihnen Deckung. Ist solche ausreichend vorhanden, vermindern sich ihre Fluchten bei Annäherung von Menschen deutlich. Die *Bepflanzung von Uferstreifen* ist selbstverständlich an das Einverständnis des Gewässerunterhalters und eventuell, wenn die Streifen breiter sein sollen, an die der/des Angrenzer(s) gebunden. Nebenbei sind solche Vorhaben kostspielig. In den meisten Bundesländern werden dafür Zuschüsse aus verschiedenen Programmen bezahlt. Allerdings muss fast immer der Grundeigentümer – nicht der Jäger – als Antragsteller auftreten.

In der Tat sind Stockenten manchmal wie vom Erdboden – pardon: vom Wasser – verschwunden. Man sieht sie noch eilig davonschwimmen, und plötzlich sind sie weg. Irgendwo unter einem Uferüberhang, im Gewirr eines ins Wasser gebrochenen Astes oder unter überhängenden Weidenzweigen sitzen sie dann und warten ab, bis die Störung vorüber ist.

Wer also seinen Bach oder Fluss »entenfreundlich« machen will, muss derartige Requisiten anbieten. Das ist einfach. Man sägt einem dicken Weidenast wasserseitig (nach dem Umknicken unterseitig) einen Keil heraus, damit er übers Wasser umknickt. Die Schnittstelle wird, da unterseitig, kaum gesehen, und der Ast wächst unbeschadet weiter. Es bilden sich zahlreiche Steiltriebe. Man kann im Winter auch starke Weidentriebe leicht schräg so ins Ufer stecken, dass sie übers Wasser hängen; sie schlagen problemlos Wurzeln. Weiden wollen jedoch nicht ständig im Wasser stehen; sie ertragen zwar periodische Überschwemmungen, wollen aber die meiste Zeit des Jahres »trockene Füße«. Daher die Hölzer immer deutlich über der Mittelwasserlinie stecken beziehungsweise setzen. Einen wirklich brauchbaren Sichtschutz und »Störungspuffer« wird bei Anlage von wenigstens fünf Meter breiten Pflanzungen erreicht. Diese sollen nicht nur direkt an der Uferlinie »Unterstände« bilden, sondern durch entsprechende Strauchwahl (z. B. Weißdorn

Überhängende Äste bilden gerne genutzte »Unterstände« für Enten. Hier fühlen sie sich sicher. Besonders begehrt sind solche Plätze, wenn Steine oder liegende Stämme auch noch Sitzmöglichkeiten im Wasser bieten.

oder Wildrosen) auch das Vordringen von Mensch und Hund ans Ufer verhindern. Die positive Wirkung derartiger Streifen, nicht nur für die Enten, wächst mit zunehmender Breite.

Auf das Nahrungsangebot im Wasser selbst hat der Jäger kaum Einfluss. Das Wachstum von Wasserpflanzen hängt von etlichen wenig beeinflussbaren Faktoren ab: Fließgeschwindigkeit, Temperatur, Säuregrad und Nährstoffgehalt. Vor allem hohe Fließgeschwindigkeiten verhindern das Wachstum der meisten Pflanzenarten. Damit reduziert sich aber auch Spektrum und Masse tierischer Nahrung.

An kleineren Fließgewässern halten sich – je nach Beschaffenheit – vor allem zwei Arten auf: Stock- und Krickente. Während Stockenten ihre Nahrung sowohl gründelnd als auch an Land aufnehmen, betreiben Krickenten überwiegend »schnatternde« Nahrungsaufnahme. Sie durchwühlen auf der Suche nach Insektenlarven und Mollusken den Schlamm. Daher sind für sie nur Gewässer mit flachen, schlammigen Uferabschnitten interessant. Stockenten steigen gerne an Land, um dort ebenso pflanzliche Stoffe wie auch Insekten, Spinnen und Mollusken aufzunehmen. Deren Vorkommen steigt mit dem Anteil krautartiger Pflanzen. Zum idealen »Entenufer« gehören daher auch kleine gehölzfreie Streifen oder Flächen.

Die Schaffung von Sitzmöglichkeiten dicht über dem Wasser zieht mehr Enten an als das Aufstellen von Bruthütten. Man muss nur den einen oder anderen Baum schräg zur Fließrichtung ins Wasser fallen lassen und eventuell etwas ausasten.

Gestaltung von Gräben

Vielfach wird die Bedeutung kleiner Feldgräben (Vorfluter) für die Entenhege verkannt. Es dominiert die Meinung, Enten bräuchten offenes Wasser mit einer gewissen Tiefe. Tatsächlich aber ziehen Stockenten ihre Küken gerne an kleinen, oft nur wenig Wasser führenden Gräben auf. Voraussetzungen sind ausreichend Restwasser in Trockenzeiten und ein naturnaher Uferbewuchs. Infolge reicher Nitrateinschwemmung sind Feldgräben meist ausgesprochen nährstoffreich. Dadurch entwickelt sich eine üppige Vegetation unter dem Wasserspiegel; die ist zwar den meisten Grabenunterhaltern ein Dorn im Auge, bietet den Enten aber Nahrung.

Restwassermengen erreicht man durch den Einbau von Sohlschwellen. Als solche würden sich ausgediente Bahnschwellen gut eignen – wären sie nur nicht so giftgetränkt! Jedenfalls ist ihr Format recht brauchbar. Wer mit dem Förster oder mit Waldbesitzern redet, erhält meist preisgünstige Eichen- oder Buchenstammabschnitte minderer Qualität (astig) angeboten. Diese lässt man sich im nächsten Sägewerk säumen. Zur Not kann auch anderes Laub- oder sogar Nadelholz verwendet werden. Fäulnis entsteht nur dort, wo die Luft Zutritt hat.

Am besten sind doppelte Spundwände, die seitlich möglichst tief in die Ufer greifen. Zwischen die beiden Wände wird Lehm eingestampft. Solche Wände halten bei einem Schwellenquerschnitt von 15x25 cm mindestens zwei Jahrzehnte, also mehr als eine Jagdpachtperiode; verwendet man Eichenholz, halten sie auch einen jungen Jäger locker aus. Selbstverständlich müssen vor Baubeginn Gewässerunterhalter und Anrainer gefragt werden. Das beste Restwasser nützt nichts, wenn die Ufer ohne Bewuchs sind. Dabei bedarf es an Feldgräben keineswegs aufwendiger Strauch- oder Baumpflanzungen. Es genügt eine vielseitige, natürlich Kraut- und Staudenflora. Diese stellt sich rasch alleine ein, wenn die Ufer nicht mehr regelmäßig gemäht werden. Es spricht jedoch nichts dagegen, die Ufer alle zwei oder drei Jahre abschnittsweise ab August zu mähen – je später, umso besser.

»Feuerlöschteiche« im Wald

Es ist erstaunlich, wie wenig Feuerlöschteiche bisher selbst in stark brandgefährdeten Wäldern entstanden sind. Dabei müssen solche nicht besonders groß sein, 200 m² sind schon genug, und zur Not geht's auch eine Nummer kleiner. Für die Brandbekämpfung machen Waldteiche allerdings nur Sinn, wenn sie neben Lkw-festen Wegen liegen. Erfahrungsgemäß werden Kleinteiche ohnehin weniger vom Publikum belastet als größere, vor allem dann, wenn sie stark bewachsen sind. Wenn außen herum für Vernässung gesorgt wird, halten sich Störungen in Grenzen.

Das Schicksal aller Teiche ist es zu verlanden. Dafür sorgt das üppige Pflanzenwachstum und der Materialeintrag über den Zulauf. Über einen »Mönch« kann der Teich abgelassen und ausgebaggert werden.

71

An derartige Teiche sollte in Zusammenhang mit Forststraßenbau immer gedacht werden. Die Kosten halten sich dann, da Maschinen ohnehin vor Ort sind, in engen Grenzen. ENGESSER [1987] veranschlagt für den Aushub kleiner, genehmigungsfreier Tümpel mit einem Radbagger etwa zwei Stunden.

Aufgelassene Fischteiche anpachten

Überall im Lande finden wir Fischteiche, die nicht mehr bewirtschaftet werden; die meisten liegen trocken und verbuschen. Eigentlich jammerschade, nicht nur wegen der Enten, sondern einfach weil Wasserflächen die Landschaft grundsätzlich beleben. Für den Naturschutz wie für die Entenjagd sind derartige Teiche, wenn sie wieder aktiviert und entsprechend umgestaltet werden, ideal. Wenig naturnah ist jedoch in der Regel ihre Form. Meist sind es rechteckige, relativ flache Becken. Die ungünstige Form lässt sich durch Abflachen der Ufer und den sich dann rasch einstellenden Bewuchs mildern.

Ehe ein über Jahre trockengefallener Teich wieder bespannt (angestaut) werden kann, müssen wir ihn entbuschen. Fast immer sind es Strauchweiden, die sich angesiedelt haben – genau richtig fürs Ufer. Wir gewinnen aus ihnen *Steckhölzer und Setzstangen* von Daumen- bis Armstärke, die sofort schräg in den Ufergrund gedrückt werden. Sie schlagen während der Vegetationszeit problemlos aus und bilden innerhalb von 2-3 Jahren brauchbare Deckung.

Neben diesen »kleinen Lösungen« bieten sich hier und dort (vor allem in den östlichen Bundesländern, wo großflächige Teichwirtschaften brach liegen) auch umfassende und langfristige Umwandlungen zusammen mit dem Naturschutz an. Die Jäger sollten hier über die eigenen Schatten springen und mitmachen. Bejagungsverzicht auf Teilflächen schmälert die Entenstrecken keineswegs; meist ist das Gegenteil der Fall!

Wer sich an aufgelassene Teiche heranwagt, sollte sich vorher über Förderprogramme erkundigen.

Kopfweidenpflege ist Entenhege

Nicht nur sinnvoll, sondern auch dringend notwendig ist die Pflege von Kopfweiden. Diese Arbeit übernahmen früher die Korbflechter, die sich alljährlich die schlanken Jahresschösslinge als Material holten. Die regelmäßig zurückgeschnittenen Weiden, viele mit mehrmetrigem Stammumfang

störten auch nicht bei der Bewirtschaftung angrenzender Felder. Erst der
inzwischen allgegenwärtige Kunststoff und später die Körbe aus Billiglohn-
ländern, brachten bei uns die Korbflechterei fast völlig zum Erliegen. Seither
wachsen die ehemaligen Kopfweiden aus. Viele der sonst noch ganz vitalen
Uraltweiden sind innen hohl; unter der Last schwerer, überhängender Äste
brechen die Stämme oft aus. Und so wird ein Baum nach dem anderen
beseitigt. Kopfweidenpflege ist daher ein wertvolles Stück Landschaftspflege
– und Entenhege dazu!

Kopfweiden werden zwar alt, leben aber trotzdem nicht ewig, und so ist es
sinnvoll, rechtzeitig für Nachwuchs zu sorgen. Dazu schlägt oder pflanzt
man einfach armdicke Setzstangen in den feuchten, weichen Grund. Diese
müssen zumindest einen Meter tief im Boden stecken und sollen etwa eineinhalb Meter oben herausschauen. Liefert der Boden ausreichend Wasser,
schlagen die Stangen bald aus, und schon im ersten Jahr bildet sich oben
ein dichter Kranz junger Ruten. Diese werden ab dem zweiten Jahr gekappt.
Durch den regelmäßigen Wechsel von Austrieb und Schnitt, bildet sich rasch
ein Kopf.

Kopfweiden sind Baumpersönlichkeiten! In ihnen brüten nicht nur die Stockenten
gerne, auch Steinkauz, Wiedehopf und manch andere Art. In einigen Bundesländern wird die Pflege von Kopfweiden sogar bezuschusst.

73

Bejagung von Wasservögeln

Rund um den Schuss

Es wird viel zu weit geschossen

Seit vielen Jahren wird in den Jagdzeitschriften immer wieder eine alljährliche Schießprüfung zur Diskussion gestellt. Ebenso vehement wird sie abgelehnt. Dabei geht es ganz klar um die Erfüllung eines gesetzlichen Auftrages, nämlich Wildtieren unnötiges Leid zu ersparen!

Gewiss, es ist schwierig, die Entfernung zu einem fliegenden Wild abzuschätzen, besonders wenn es an »Marken« wie Bäumen fehlt. Manche Schützen »probieren« es auch noch auf Enten, die sich bereits gut und gerne über doppelte und manchmal dreifache Schrotschussdistanz gerettet haben. Verfasser erlebte im eigenen Revier kaum eine Entenjagd, an der nicht einzelne Schützen quer über die Weiher schossen, was heißen will, noch auf 100 und mehr Meter. Selbst besonnene Jäger verschätzen sich mitunter gewaltig. Dazu müssen wir uns vergegenwärtigen, dass die über einer 40 Meter von uns entfernt stehende Fichte fliegende Ente in Wirklichkeit mehr als 50 Meter entfernt und damit außerhalb jeder verantwortbaren Schussentfernung ist.

In den USA wurden 600 in einer Farm gehaltene Stockenten experimentell getötet, um die Wirkung der Schrote bei unterschiedlichen Schussentfernungen festzustellen. Die Studie kommt zu dem Schluss, dass die Erlegungsraten allenfalls bis zu 40 Meter zufriedenstellend waren. Bei weiteren Schüssen wurde ein erheblicher Teil der Enten angeschossen und/oder ging verloren [KALCHREUTER, 1987].

Insgesamt gesehen ist der Schuss auf die aufstehende Ente, bei Einhaltung einer akzeptablen Entfernung, einfach. Auch Enten, die mehr oder weniger flach quer über das Wasser kommen, erfordern keinen Kunstschützen. Schwieriger sind einfallende Enten zu treffen, so man sie noch im steilen Abwärtsflug über der Wasseroberfläche (Abpraller) erwischen will. Das zentrale Problem ist und bleibt, dass einfach zu weit und zu hoch geschossen wird. Irgendwie steckt das Bellen der Schüsse an. Ein Dutzend oder

Immer wieder wird bei der Entenjagd viel zu weit geschossen. Das Schätzen der Entfernung ist schwierig.

mehr Enten werden aus dem Schilf hoch, kommen einem oder zwei Schützen in akzeptabler Entfernung, und plötzlich werden ringsum die Zeigefinger labil.

Brauchbare Flinten

Über Waffen und Munition lässt sich trefflich diskutieren und bei Bedarf auch streiten. Ob nun Querflinte oder Bock, das ist sicher egal. Dies gilt auch für die Schaftform. Ob nun »englisch« oder Pistolengriff, das ist weitgehend eine Glaubensfrage. Jeder mag wählen was ihm liegt und womit er gut zurechtkommt.

Allgemein wird die Auffassung vertreten, »Entenflinten« müssten Kaliber 12 haben, dazu möglichst lange, vollchoke gebohrte Läufe. Nun lässt sich nicht bestreiten, dass eine Patrone im Kaliber 12 mehr Schrote enthält als eine solche im Kaliber 16 oder gar noch kleiner. Damit wird allerdings nicht nur das Treffen, sondern auch das Krankschießen wahrscheinlicher. Ich denke, sowohl *Kaliber 12* als auch *Kaliber 16 sind durchaus brauchbar.* »Gerecht« ist sicher auch Kaliber 20, doch braucht dieses einen sehr zuverlässigen Schützen, sollen die relativ wenigen Schrote ins Ziel kommen.

Chokebohrung und Lauflänge

$1/2$ oder $3/4$ Choke rechts bzw. unten und $1/2$ Choke links bzw. oben entsprechen den Umständen der Entenjagd in der Regel eher als weite Bohrungen. Wir haben am Wasser andere Schießbedingungen als bei Waldjagden, wo weite Bohrungen von Vorteil sind. Das Schätzen der Entfernung ist überm Wasser, siehe weiter oben, schwieriger als im Feld; meist wird sie deutlich unterschätzt. Wirklich nahe Enten sind eher die Ausnahme und wenn, so lässt man sie erst ein Stück raus. Eine enge Garbe mindert die Gefahr, auf zu weite Entfernung nur mit Einzelschroten zu treffen.

In dieselbe Richtung zielt die Wahl der Lauflänge. Die typische »Kaninchenflinte« ist weit gebohrt und hat kurze Läufe; die Entenflinte hingegen ist eng gebohrt und hat lange Läufe. Letzteres gilt erst recht für Flinten, die zur Gänsejagd verwendet werden.

Welche Schrote?

Allgemein werden im deutschsprachigen Raum mehrheitlich zu grobe Schrote verwendet. Schon die Ausbilder in den Jägerkursen, vielfach ballisti-

Grobe Schrote werden merkwürdigerweise auch von Berufsjägern empfohlen, die es eigentlich besser wissen müssten. So schreibt PANZER [1987]: *»Um Bejagungsfehler möglichst auszuschließen, hier einige Empfehlungen aus der Praxis: ... 9. Die Enten mit Schrotstärke 3 mm (Nr. 5) und im Spätherbst und Winter mit 3 1/2 mm (Nr. 3) beschießen.«*

Dafür gibt es nun gar keinen Grund. Warum soll die Novemberente gröbere Schrote benötigen als die Septemberente? Hier scheint das Märchen vom nassen Hasenbalg, der ja angeblich auch recht grobe Schrote verlangt, auf das Gefieder der Enten übertragen worden zu sein. Der immer wieder gebrachte Hinweis auf die harten Entenschwingen zieht nicht. Umgekehrt wird ein Schuh daraus: Mit einem groben, zufällig doch noch treffenden Randschrot wird viel schneller eine Schwinge funktionsunfähig als mit einem kleinen, leichten Schrot.

Außeracht bleibt die mit zunehmender Entfernung rasch absinkende Deckung. Während wir mit einer guten Flinte und bei Verwendung entsprechender Munition auf 35 Meter noch einen Deckungsgrad von 70 % erreichen, halbiert sich dieser bis 50 Meter nahezu (38 %). Nun entwickelt sich die Schrotladung nach Verlassen des Laufes zu einem Kegel, das heißt, die Schrote fliegen ja nicht alle in einer Front, vielmehr erreicht die Garbe 35 Meter nach der Mündung rund 10 Meter Breite. Die stehende Scheibe treffen freilich alle. Anders bei einer in voller Fahrt daherkommenden Ente; sie ist längst weiter, ehe die letzten Schrote den Haltepunkt erreichen. Die tatsächliche Deckung ist also noch geringer als die rechnerische. Selbst ein guter Schütze bringt folglich kaum mehr als zwei bis drei Schrote der Stärke 3,5 mm ins Ziel.

Irreführend ist auch die plakative Behauptung, gröbere Schrote drängen *grundsätzlich* tiefer in den Wildkörper ein als feine. Das stimmt nur mit Einschränkungen. Eigene Versuche, bei denen auf 30 Meter Telefonbücher beschossen wurden, brachten bei Verwendung von Patronen verschiedener Marken innerhalb bestimmter Körnungen ganz unterschiedliche Ergebnisse. Generell war festzustellen, dass die Zahl der Treffer mit Zunahme der Korngröße sank – ungeachtet der jeweiligen Patrone/Marke. Sehr wohl aber erreichten bei einzelnen Patronentypen feine Schrote dieselbe Eindringtiefe wie die gröberen einer anderen Patrone/Marke.

BELLROSE [zitiert bei KALCHREUTER, 1987] untersuchte in den USA den Einfluss der Schrotgröße auf den Jagderfolg (siehe Seite 81) und fand dabei die Annahme bestätigt, dass mit groben Schroten weit mehr Enten krankgeschossen werden als mit feineren. Bei Verwendung von »Hühnerschrot« (2,4 mm) kamen 6,6 erlegte Enten auf eine angeschossene. Bei groben Schroten (3,8 mm) war das Verhältnis 2,2 : 1. Rund ein Drittel aller beschossenen Enten wurde nur angebleit.

HUMBURG et al [1982] ermittelte, dass bei Schüssen über 37 Meter kaum mehr als 10 % der beschossenen Enten zur Strecke kommen.

Verständlich wird das alles, wenn man sich einmal überlegt, welch kleines Ziel eine Wildente darstellt. BILY [1990] beziffert die zu treffende Fläche einer breit fliegenden Ente mit 200 cm², die einer spitz von vorne auf uns zukommenden Ente jedoch nur mit 85 cm². Das dürfte aber eher hoch gegriffen sein, weil er auch Teile mit einbezieht, in denen keine lebenswichtigen Organe sitzen und auf denen die Schrote auch kaum einen Schock auslösen (Federkleid).

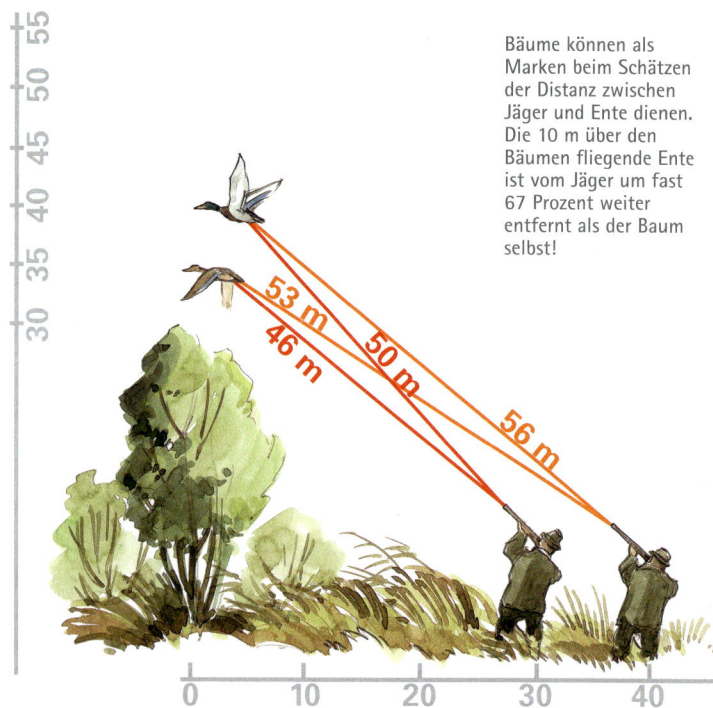

Bäume können als Marken beim Schätzen der Distanz zwischen Jäger und Ente dienen. Die 10 m über den Bäumen fliegende Ente ist vom Jäger um fast 67 Prozent weiter entfernt als der Baum selbst!

BILY schreibt:

»Die tödlichen Treffer der Wildente auf eine Entfernung von 45 m können wir bei Verwendung von 3,5 mm Schrot nicht garantieren.«

Es ist nicht immer Mutwille, wenn zu weit geschossen wird. Die meisten Jäger machen sich einfach zu wenig Gedanken, und sie berücksichtigen weder die Zeit, die zwischen dem Erkennen des Wildes und der Schussabgabe vergeht, noch die Fluggeschwindigkeit des Wildes. Eine Ente legt in der Sekunde zwischen 16 und 22 Meter zurück; benötigt der Jäger vom Erkennen bis zum Abdrücken zwei Sekunden, streicht die Ente in dieser Zeit 32 bis 44 Meter! Das heißt, vor allem die weniger geübten Schrotschützen sind einfach überfordert.

BILY bringt es auf den Punkt:

»Wenn wir eine Ente beim Abflug noch auf eine Entfernung von 15 bis 20 Meter sehen, dann wird unter Berücksichtigung der Reaktionszeit des Schützen (Bruchteile einer Sekunde, die der Schütze benötigt für das Ansprechen des Wildes, für die Entscheidung, das Anschlagen der Waffe, Zielen und Abdrücken) das Ziel bestimmt schon so weit entfernt sein, dass keine Hoffnung mehr besteht, die Ente erfolgreich zu treffen. Aus diesem Grund ist es sinnlos, in diesem Fall einen Schuss abzugeben.«

Diesen Ausführungen ist nichts hinzuzufügen.

Übersicht: Geschwindigkeit des Schusses mit der Flinte*		
Bereitschaft des Schützen	Zeit vor dem Schuss**	
	1. Schuss	2. Schuss
1. Waffe angeschlagen auf den Punkt, wo das Ziel erscheint – maximale Konzentration (Schuss beim Trapschießen)	0,85–1,10	1,45–1,70
2. Optimale Bereitschaft der Waffe – maximale Konzentration auf den Punkt, wo das Ziel erscheint (Skeet-Stand)	0,90–1,50	1,50–2,50
3. Bereitschaftsanschlag der Waffe: Es ist nicht bekannt, wo und wann das Ziel erscheint (Schießen bei der Jagd)	1,10–1,80	1,70–2,80
4. Waffe am Riemen – das Erscheinen des Zieles wird nicht vermutet	3,00–4,50	
* aus BILY, Jagdliches Schießen, 1990 ** in Sekunden		

Übersicht: Schrotstärke und erlegte Enten					
	Schrotstärken in mm				
Enten	3,8	3,2	3,0	2,7	2,4
erlegt	50	1879	722	2308	158
angeschossen bzw. verloren	23	428	124	416	24
erlegte Enten pro 1 angeschossene	2,2	4,4	5,8	5,5	6,6

Übersicht: Schrotstärken* und Schrotnummern										
	Schrotstärken in mm									
Nummern	1,7	2,0	2,2	2,5	2,7	3,0	3,2	3,5	3,7	4,0
deutsch**	10	9	8	7	6	5	4	3	2	1
englisch	–	–	–	6	5	4	3	2	1	–

* = Schrote mit mehr als 4 mm Durchmesser werden als Posten bezeichnet.
** = auch internationale Bezeichnung

Problem Bleikontaminierung

Bleischrote sind schon lange ins Gerede gekommen. Im Seichtwasser werden sie von Gründelenten als Magensteinchen aufgenommen, was zum Tod führen kann, und wo viel geschossen wird, verseuchen sie den Boden. An stark und über Jahre hinweg bejagten Kirrungen kann die Bleibelastung erheblich sein. Untersuchungen durch die »Fachschaft Ornithologie Südlicher Oberrhein« in einem Quelltopf in den badischen Rheinauen, an dem über 20 Jahre hindurch massiv gefüttert und geschossen wurde, ergaben Bleischrotansammlungen von bis zu 400 Stück je m^2.

»Stahlschrote« als Alternative

In vielen Ländern hat der Gesetzgeber kurzen Prozess gemacht und die Bleischrote verboten. Überall sahen die Jäger deshalb das Ende der Vogel- und Kleinwildjagd nahe. Doch inzwischen sind »Stahlschrote« anderenorts kaum noch ein Thema, und die Entenjagd geht dennoch weiter. In Deutschland und Österreich tun sich die Jäger jedoch immer noch schwer – zumindest bei der Wasserjagd – von ihren Bleischroten Abschied zu nehmen. Zu tief sitzen die Vorurteile, zu schmal ist das tatsächliche Wissen. Vermutlich wird erst ein unter dem Druck der Umweltschützer erlassenes EU-weites Verbot der Bleischrote den Wechsel bringen.

Inzwischen wartet die Patronenindustrie mit einem breiten Angebot auf. Um die Läufe zu schonen, sitzen die Stahlschrote ausnahmslos in langen Plastikbechern. Reine Stahlschrote finden kaum noch Verwendung und werden in Europa auch nicht angeboten. Was wir in Katalogen unter diesem Namen finden, sind sogenannten Weicheisenschrote (Nitro-Stahl). Derartige Patronen lassen sich mit Schroten bis zu einer Stärke von 3,2 mm ohne Nachteile aus jeder Waffe mit Nitrobeschuss verfeuern.

Noch besser als Weicheisenschrote sind jedoch reine Zinkschrote. Zink hat eine höhere Dichte als die Weicheisen, ist dafür aber auch teurer. Ihr größter Vorteil ist die Deformation und damit ihre geringe Neigung zum Abprallen. Weicheisenschrote hingegen verformen und zerlegen sich kaum und prallen bei entsprechendem Auftreffwinkel selbst auf flexiblen Hindernissen, etwa dem Flügelknochen einer Ente, ab.

Schrotstärken über 3,5 mm werden in Weicheisen oder Zink nicht angeboten.

Um das fehlende Gewicht gegenüber Bleischroten auszugleichen, wird die Schrotstärke bei Weicheisen und Zink jeweils zwei Nummern stärker gewählt. Also etwa statt 2,7 mm 3,2 mm. Damit geht natürlich Deckung verloren. Dieses Manko sucht ein Teil der Jäger mit der Wahl eines größeren Flintenkalibers auszugleichen. Besonders das Kaliber 12/76 erfreut sich daher steigender

Auf diesem Entenstand sollten möglichst keine Bleischrote verschossen werden.

Beliebtheit auch bei Jägern, die nach wie vor Bleischrote verschießen.
»Normale« Flinten, also Quer- und Bockflinten, schießen sich in diesem
Kaliber durchaus unangenehm. Geradezu hässlich wird die Schießerei
beim Kaliber 10/89. Wer sich zum Umstieg auf eines dieser Kaliber ent-
schließt, sollte dafür eine Selbstladeflinte anschaffen, die immerhin 30 %
des Rückschlags auffängt und in den Nachladevorgang umleitet.
Dänemark hat inzwischen die Verwendung von Bleischroten völlig untersagt.
Andere europäische Länder, aber auch deutsche Bundesländer haben dies
zumindest für den Bereich der Wasserjagd getan, was zweifellos genügt.
In der Schweiz gilt seit März 1998 ein Verbot für die Verwendung von Bleischrot in Flachwasserzonen und Feuchtgebieten.

Übersicht: Schrotstärke – Schrotzahl									
Gewicht in g*	Körnerzahl bei Schrotgröße (Durchmesser mm)								
	2,0	2,2	2,5	2,7	3,0	3,2	3,5	3,7	4,0
26,0	568	399	280	216	167	131	105	85	70
27,0	579	405	293	220	170	133	107	86	72
28,4	632	443	320	240	186	146	117	94	73
31,0	664	465	297	252	195	153	123	99	82
32,0	685	480	340	260	201	158	127	102	85
34,0	729	510	369	277	214	168	135	109	96
36,0	771	540	391	293	226	178	143	115	98
40,0	857	600	434	325	251	198	158	128	106
* = Vorlage									

Nachstehend wird mit freundlicher Genehmigung des Deutschen Jagd-
schutz-Verbandes ein Aufruf aus dem DJV-Handbuch zum Thema Bleischrote abgedruckt:
*»Wasservögel können, insbesondere in Flachwasserzonen, beim Gründeln
zusammen mit anderen für die Verdauung notwendigen Festkörpern (Magensteinchen, Weidkorn) auch Reste von Bleischroten aufnehmen. Dieser Sachverhalt ist auch in der Bundesrepublik Deutschland nachgewiesen. Nach
wissenschaftlichen Erkenntnissen sind hierdurch, je nach aufgenommener
Bleimenge, Erkrankungen und auch ein Verenden durch Bleivergiftung
möglich.*

*In Erfüllung der mit der Jagd übernommenen ethischen Verpflichtung
zum Natur-, Arten- und Tierschutz sowie der Erhaltung der Umwelt soll
bei der Jagd auf Wasserwild ein Eintrag von Blei in Gewässer vermieden
werden.*

*Das Bundesministerium für Ernährung, Landwirtschaft und Forsten (BML)
und der Deutsche Jagdschutz-Verband e.V. (DJV) empfehlen daher dringend,
zur Jagd auf Wasserwild an Gewässern ausschließlich Nicht-Blei-Schrote
zu verwenden.*

*Die Verwendung von Nicht-Blei-Schroten erfordert jedoch die exakte Be-
achtung zusätzlicher Sicherheitsmaßnahmen, um Gefährdungen der Waffe
und das zu Bleischrot unterschiedliche Ablenkungsverhalten von Nicht-Blei-
Schroten sowie deren geringere wirksame Schussentfernung.*

*Das BML macht darauf aufmerksam, dass es vom Ergebnis künftig durchzu-
führender Erfolgskontrollen abhängen wird, ob seitens des Gesetzgebers
einschneidendere Maßnahmen ergriffen werden müssen.*

*Zum Einsatz als Nicht-Blei-Schrotmunition können nach derzeitigem Wis-
sensstand vor allem auf dem Sektor der Toxikologie vom DJV nur Patronen mit
Weicheisen (Stahl) oder mit Zinkschroten empfohlen werden. Um Gefährdungen bei der Jagdausübung zu vermeiden, fragen Sie Ihren Büchsenmacher
über die Eignung der Nicht-Blei-Schrotmunition für Ihre Waffe.*

*Bei Verwendung von Stahlschrot im Jagdbetrieb ist aus Sicherheitsgründen
besondere Sorgfalt und Vorsicht angezeigt, da Stahlschrote gefährliche
Ablenkungen erfahren können.«*

Dass die Bemühungen zumindest eines Teils der jagdlichen Organisationen
und Funktionäre um den Verzicht auf Bleischrote nicht völlig erfolglos sind,
zeigt der Brief eines Naturschutzfunktionärs vom Februar 1999 aus Baden-
Württemberg. Er sieht bei den Jägern am Oberrhein ein Umdenken und führt
dieses auf die Bemühungen des amtierenden Bezirksjägermeisters JOACHIM
STREITBERGER zurück. Mit dessen Editorial in »Der Jäger in Baden-Württemberg«, Heft 9/95, lässt sich das Kapitel Bleischrot hier abschließen; Streitberger zeigt darin kurz und prägnant den zu gehenden Weg – und seine
Risiken:

*»Auf der Jagd ist die Verwendung von Nicht-Bleischroten vorgeschrieben!«
So erfreulich eindeutig war es auf mehreren Einladungen zur Entenjagd zu
lesen, die mir in den letzten Tagen ins Haus flatterten.*

Eine Entwicklung, die erfreut und die Mut macht. Die Jägerschaft hat in der Frage ›Wasserwildjagd‹ offensichtlich verstanden, dass sie auf die Anforderungen der Zeit hin aktiv werden muss, will sie ihre Angelegenheiten so weit als möglich im eigenen Haus regeln, will sie gesetzgeberische Maßnahmen, die notwendigerweise Gleichmacherei bedeuten, vermeiden. Nur so, nur wenn wir wirklich bereit sind, uns auch unbequemen Erkenntnissen zu stellen und ihnen gerecht zu werden, werden wir angepasste, unsere jeweiligen Belange berücksichtigende Lösungen ermöglichen.

Eine Sorge bleibt: Wird auch in dieser erfreulichen Situation wieder das Fehlverhalten Einzelner ermöglichen, die gesamte Entwicklung zu diskreditieren?«

Gedanken zur Jagdzeit

Warum so früh beginnen?

Zugegeben: Noch bis in die 60er-Jahre hinein gingen die Enten bei uns bereits am 1. August auf. Bejagt wurden dann die in der Mauser befindlichen Rauerpel. Da diese durch Verlust ihres Großgefieders nicht fliegen konnten, wurden sie auf dem Wasser beschossen. Argumentiert wurde, unter Hinweis auf den üblichen Überhang an Erpeln, mit der Herstellung des richtigen Geschlechterverhältnisses. In die Schilfbestände der Teiche und Seen wurden Schneisen geschlagen und die Schilfgürtel mit Booten getrieben. Selbstverständlich kam dabei auch manche führende Mutterente ums Leben, wenn sie vor dem Schof schwimmend eilig eine Schneise überquerte oder der Schütze sie im Schilf als Mausererpel ansprach.

Inzwischen beginnt die Stockentenjagd in der Bundesrepublik am 1. September, und auch dieser Termin scheint reichlich früh. Zwar ist ein Großteil der Stockentenerpel dann wieder flugfähig, dafür befinden sich zumindest ein Teil der Mutterenten in der Mauser. Nun beeinflusst es weder den Bestand noch tangiert es negativ den Tierschutz, wenn Jungenten aufstehen und die zwangsweise zurückbleibende Mutterente erlegt wird. Die Nachteile sind andere. Die Jungenten haben noch unglaublich viele und äußerst schwer zu rupfende Kiele. Das spielt freilich dann keine Rolle, wenn die erlegten Tiere nicht gerupft, sondern abgebalgt werden. Schwerer wiegt, dass die flugunfähigen Mutterenten die Nachsuchen im Schilf ungemein erschweren. Sie schwimmen und tauchen ständig vor dem Hund weg, ver-

Im Oktober werden viele Teiche abgefischt und die Teichböden im Winter dem Frost ausgesetzt. Entweder man jagt schon im September oder gar nicht!

breiten überall ihre frische Wittrung und werden oft als krank angesprochen und erlegt. Auch das wäre kein Nachteil, blieben dann nicht die tatsächlich krankgeschossenen Enten am Leben oder besser gesagt am Leiden.

Gegen eine Rücknahme des Jagdbeginns auf den 1. Oktober spricht jedoch, dass dann in vielen Revieren mit nennenswerten Wasserflächen die Enten überhaupt nicht mehr bejagt werden könnten. Der Grund: Künstliche Fischteiche werden teilweise schon Ende September, größtenteils aber im Oktober abgelassen und liegen dann trocken.

Warum so spät aufhören?

In vielen Bundesländern beginnt die Schonzeit am 16. Januar. Zwar machen die zwei Wochen, um es salopp zu sagen, den Bock auch nicht mehr fett, aber mit Silvester könnte die Jagd beendet werden.

KALCHREUTER [1987] fordert, die Jagd »während längerer Perioden grimmigen Frosts ganz ruhen« zu lassen. Er begründet dies mit den durch das Zufrieren von Gewässern entstehenden Nahrungsengpässen, weil sich dann immer mehr Vögel auf immer kleiner werdenden offenen Wasserflächen zusammendrängen. Wird an diesen auch noch gejagt, sind die Enten zu vermehrten Ausweichflügen und damit zu einem erhöhten Energieverbrauch bei reduzierter Energieaufnahme gezwungen. Gleichzeitig fordert aber auch die Kälte mehr Energie.

Ferner verweist KALCHREUTER darauf, dass bei strengem Frost die Qualität der Jagdausübung leidet. Der Jäger ist zwangsweise dick und somit wenig flintenschussgerecht angezogen, was zu mehr Fehl- und Krankschüssen führt. Hunde leiden und erkranken, wenn sie aus dem eiskalten Wasser Enten apportieren sollen.

Nun wird es immer schwierig sein zu definieren, was unter »grimmigem Frost« und unter »längeren Perioden« zu verstehen ist. Das Zufrieren der Stillgewässer im jeweiligen Landkreis wäre eventuell eine Marke. Aber wie erfährt dies der Jäger, der selbst kein Stillgewässer im Revier hat? Die Jagdbehörde müsste die Einstellung der Wasserjagd bekannt geben. Doch auch sie würde sich schwer tun; nicht alle Weiher gefrieren gleichzeitig. Wie verständigt man ohne großen Verwaltungsaufwand die Jäger? Wir sehen, ein im Grunde klarer und einleuchtender Gedanke, macht in der Umsetzung verdammt viele Schwierigkeiten.

Das ganze Problem reduziert sich, wenn die Jagd mit dem letzten Tag des Jahres endet. Wird es wirklich einmal schon im November oder Dezember längere Zeit bitter kalt, kann man nur an die Vernunft und Verantwortung der Jäger appellieren. An dieser Stelle muss an die einfache und saubere Lösung der Steiermark erinnert werden. Dort beginnt die Jagdzeit auf Stock- und Krickenten, Grau- und Saatgänse sowie Blässhühner am 1. September und endet am 31. Dezember – basta!

Warum nicht mit den Nachbarn abstimmen?

Es gibt Reviere, in denen während der Jagdzeit fast jedes Wochenende die Bachläufe, Weiher und Tümpel abgeklappert werden. Keiner denkt sich etwas dabei. Der Haupterfolg solch permanenter Störungen ist die Verdrängung der Enten. Sie lassen sich in weniger gestörten Nachbarrevieren nieder oder steuern gleich das nächste städtische Gewässer an. Dort sind sie vor den Jägern sicher und werden überdies reichlich gefüttert.

Grundsätzlich sollten wir die Enten ebenso überlegt und zurückhaltend bejagen wie Hase und Fasan. Kein Jagdpächter sucht, stöbert oder buschiert jeden Samstag auf Fasanen. Und wenn er es tut, hat er bald keine Fasanen mehr.

Rechts:
Bergenten *(Aythya marila)* brüten ausschließlich im hohen Norden und kommen nur als Wintergäste zu uns.

Mitte links:
Gänsesäger *(Mergus merganser)* brüten zwar auch in Mitteleuropa, die meisten kommen aber als Wintergäste zu uns. Auch im Flug fallen ihre langen, dünnen Schnäbel auf.

Mitte rechts:
Mittelsäger *(Mergus serrator)* brüten auch an den Ostseeküsten Deutschlands und Dänemarks. Allerdings nicht in Baumhöhlen wie die Gänsesäger, sondern am Boden unter Büschen. Ins Binnenland kommen sie nur als Wintergäste.

Rechts:
Auch die Schellenten *(Bucephala clangula)* brüten in Baumhöhlen und nehmen gerne auch künstliche Bruthöhlen an.

89

Wenige gemeinsame Jagdtage – am besten auf Hegeringbasis – liefern weit größere Strecken als viele kleine Einzeljagden und mindern gleichzeitig den Jagddruck. So drücken sich die Reviere die Enten gegenseitig zu. Das Prinzip entspricht dem der gemeinsamen Taubenjagdtage.

Wer zumindest einen Teil seiner »Stammenten« im nächsten Frühjahr wieder sehen will, sollte seine Weiher nicht mehr als zweimal pro Herbst treiben. Am besten gleich Anfang September, und dann noch einmal im Oktober. Im November und Dezember kann man dann immer noch die eine oder andere Ente auf dem Einfall schießen – alleine oder in kleinstem Kreis.

Überhaupt wäre es sinnvoll, alle Gesellschaftsjagden auf Enten im Kreis der Reviernachbarn abzustimmen, am besten auf Hegeringebene. Damit ließe sich einerseits der Jagddruck – auch auf nicht bejagte Arten! – erheblich reduzieren, gleichzeitig würden die Strecken eher steigen als fallen. Meist ist es ja so, dass die Enten nach den ersten Schüssen das bejagte Gewässer verlassen und auf dem schnellsten Weg in die Nachbarreviere entschwinden. Wird dort nicht zur selben Zeit gejagt, ist die Sache gelaufen. Bei hegeringweiten Entenjagden würden sich die Reviere die Enten, sofern diese nicht in Parkteichen oder innerörtlichen Bächen einfallen, gegenseitig zutreiben. Nicht selten sind Gemeindeverwaltungen durchaus an einer Reduzierung ihrer zahlreichen »Parkenten« interessiert. Das scheitert zunächst an der rechtlichen Situation (befriedete Bezirke), vor allem aber am Widerstand der

Bevölkerung. Bei »Hegeringjagden« wäre aber eine Beunruhigung der »Park-enten«, zumindest im einen oder anderen Fall, durchaus praktikabel, voraus-gesetzt, dass dies nicht gerade an einem Samstagnachmittag geschieht. Wenn im Rahmen von wenigen Gemeinschaftsaktionen und bei entspre-chender Disziplin die Enten bejagt werden, lässt sich dies sicher leichter der Öffentlichkeit verkaufen als wenn jeder Revierinhaber egoistisch vor sich hinwurstelt.

Auch in kleinerem Rahmen, können Absprachen zielführend sein. Beispiel der abendliche Enteneinfall am Bach: Man kann je nach Lust und Zeit loshatschen, oder man kann sich mit einem oder zwei Nachbarn über fixe Einfallabende verständigen.

KALCHREUTER [1987] regt an, nur an bestimmten Tagen zu jagen, also feste Entenschontage einzurichten. Das wäre an großen Gewässern sicher eine Möglichkeit. An der jagdlichen Intensität im Durchschnittsentenrevier würde sich jedoch gar nichts ändern, wenn statt an sieben nur an drei oder vier Wochentagen gejagt würde. Enten meiden ja schließlich kleine Bäche und Tümpel schon, wenn wir diese einmal wöchentlich abklappern. Allerdings käme es darauf an, an welchen Wochentagen die Jagd ruhen würde. Eine Jagdruhe an Samstag und Sonntag würde den Jagddruck sehr wohl mindern, weil die meisten Jäger nur an diesen beiden Tagen für die Jagdausübung Zeit haben. Besonders »sozial« wäre eine solche Lösung jedoch nicht, da sie die Jäger in zwei Gruppen teilen würde: jene, die nur am Wochenende Zeit haben und jene, die dann unter der Woche eifrig auf Enten jagen könnten.

Die Jagdpraxis

Im Lagergetreide und auf der Stoppel

Während die tagaktiven *Gänse* frühmorgens vom Wasser ins Land streichen, um den Tag über zu äsen und erst am Abend wieder zu ihren Ruhegewäs-sern zurückkehren, verhalten sich vor allem die *Gründelenten* gerade umge-kehrt. Sie verlassen als zumindest teilweise nachtaktive Vögel das Wasser am Abend, meist in der beginnenden Dämmerung, und fliegen zu ihren Äsungsplätzen, um häufig erst wieder in der Morgendämmerung zurück-zukehren. Auf dieses Verhalten verzichten sie jedoch, wenn ihnen das Ruhe-gewässer gleichzeitig ausreichend Nahrung bietet.

Seit die Jagdzeit in Deutschland erst im September beginnt, spielt die Jagd im Lagergetreide oder auf der Getreidestoppel keine große Rolle mehr. Aber für die Enten ist das Getreide immer noch hoch attraktiv.

Vor allem *Stock- und Krickenten* suchen gerne Lagergetreide und frisch abgedroschene Getreidefelder auf. Früher, als die Jagd noch am 1. August aufging, wurden sie dabei zahlreich geschossen. Heute sind die Enten jedoch nirgends vor dem 1. September freigegeben, und zu diesem Zeitpunkt ist das Getreide, ausgenommen Hafer und Mais, abgeerntet. Wo die Maisstoppel nicht baldigst nach dem Drusch umgebrochen wird, fallen auch heute noch Enten ein, um die oft massenhaft zurückbleibenden Druschabfälle aufzunehmen. Allerdings wird der Mais meist so großflächig angebaut, dass es schwer zu sagen ist, auf welchem Acker die Enten am Abend einfallen. Früher war es wesentlich einfacher, im Lagergetreide oder auf der Stoppel den richtigen Platz zum Anstehen zu finden, einfach weil die Äcker noch klein und überschaubar waren. Heute haben manche Feldschläge fast Eigenjagdgröße, was die Sache schwieriger macht. Früher standen nach der Getreideernte noch überall die Garben auf den Feldern, und diese dienten den Jägern als Schirme. Heute zieht der Mähdrescher übers Feld. Allenfalls bleiben noch Strohballen zurück, die jedoch baldigst eingeholt werden.

Doch selbst der gute, alte Strohballen, den man noch mit seiner Arme Kraft umeinander tragen konnte, ist fast schon Legende, denn immer häufiger werden ausschließlich die großen, nur mit der Frontgabel des Traktors zu bewegende Rundballen gepresst.

Aber ohne gute Tarnung nützt die schönste Stoppel nichts, ganz abgesehen vom Lagergetreide. Da ist ein einfacher, zerlegbarer Ansitzschirm aus Tarnnetz (das man mit Stroh ganz gut tarnen kann ...) oder ein zerlegbares Ansitzzelt ganz hilfreich. Wenn irgend möglich wähle man den Ansitzplatz so, dass gegen den Abendhimmel geschossen werden kann.

Decoys im Feld und auf dem Wasser

Hölzerne Lockenten finden bei der Lockjagd kaum noch Verwendung. Was im Taumel des allgemeinen Fortschrittes nicht verheizt oder dem Sperrmüll übereignet wurde, findet sich bei Trödlern, Antiquitätenhändlern oder als Dekorationsstücke in städtischen Wohnungen. Patina und die Zahl der Holzwurmgänge bestimmen den Preis. Im Zug der Aufgabe einer eigenständigen deutschen Sprache heißen sie jetzt auch nicht mehr Lockenten, sondern schlicht »Decoys« ...

Zur Überlistung echter, lebender Enten verwendet der Jäger, wenn überhaupt, nur noch *Kunststoffattrappen*. Sie besitzen eine kleine Öse, an der eine wasserfeste Schnur festgeknüpft wird, die sie am Davonschwimmen hindert. Noch besser ist es, zwei Schnüre anzuknüpfen. Eine führt ans Ufer und dient später wieder zum Einholen, ans Ende der zweiten wird ein Stein geknüpft, der auf den Grund sinkt und verhindert, dass der Lockvogel ans Ufer getrieben wird. Mit ein oder zwei Enten wird man freilich nicht viel bewirken. Wie bei den Locktauben gilt: je mehr umso besser!

Sinn machen die Lockenten am Wasser eigentlich nur während des morgendlichen Einfalls, also wenn die Enten von den Feldern oder von anderen

Solche kunstvollen Lockenten, im Bild Werke des oberschwäbischen Jägers und Bildhauers Peter Lambert, aus Holz dienen heute fast nur als Dekorationsstücke.

In der Praxis werden fast ausschließlich Lockenten aus Kunststoff verwendet, die billig in Baumärkten und Gartencentern angeboten werden.

Gewässern zurückkehren. Sie müssen folglich für ihre lebenden Artgenossen aus der Luft gut sichtbar sein. Am besten wirft man sie bereits am Vorabend ins Wasser und sichert sie mit den Schnüren am Ufer.

Die zweite Verwendungsmöglichkeit besteht auf abgeernteten Feldern, heute meist Mais. Dort werden die Lockenten, anders als am Wasser, am Abend eingesetzt. Der Zweck ist derselbe; sie sollen anfliegende Enten zu den Schützen lenken.

Akustische Entenlocker

Im Handel werden verschiedene Instrumente angeboten, mit denen das Rufen der weiblichen Stockente nachgeahmt werden kann. Allerdings hat die Lockjagd bei uns, ganz im Gegensatz zu unseren westlichen und südlichen Nachbarn und vor allem den USA, wenige Anhänger. Mit dem Entenlocker lassen sich Enten nicht nur – wie es der Name suggeriert – anlocken. Er ist auch ein Kommunikationsmittel, mit dessen Hilfe wir die im Schilf liegenden Enten über ihren Standort befragen! Nachgeahmt wird der Kontaktruf der Stockenten (siehe Seite 95). Vor allem in den Morgen- und Abendstunden sind diese geneigt, auf unsere Anfragen zu antworten und verraten so ihren Standort.

Auf dem Morgenstrich lassen sich akustische Locker und Lockenten wirkungsvoll kombinieren. Nicht immer fallen die von ihren Äsungsflächen zurückkehrenden Enten in unmittelbarer Nähe ihrer Kunststoffschwestern und somit in Reichweite unserer Schrote ein. Mit dem Lockruf können wir sie jedoch zum Zustehen (besser gesagt »Zuschwimmen«) bewegen. Wer nicht auf die schwimmenden Enten schießen will, was zwar wirkungsvoll wäre, aber keineswegs den Vorstellungen von »Weidgerechtigkeit« entspricht, muss dann aufstehen und sich den Enten zeigen. Unsere west- und südeuropäischen Nachbarn sehen das anders. Sie schießen bevorzugt dann, wenn die Chance, ein Wild am sichersten und somit *tierschutzgerecht* zu treffen, am größten ist.

Natürlich kann man die Enten auch am frühen Abend locken, ehe sie zu ihren Äsungsplätzen streichen. Manchmal erreicht man damit, dass sie vor ihrem Start zuschwimmen und erst innerhalb der Reichweite unserer Flinte aufstehen.

Amtssprache »Stockentisch«

Jede Entenart pflegt eigene Laute und Kommunikationsformen. Dabei ist es nicht immer ganz einfach, die Laute so geschrieben wiederzugeben, dass der Leser sie übersetzen kann. Wir wollen uns daher auf einige wichtige Lautäußerungen der Stockenten beschränken. Diese Art ist besonders ruffreudig und kommt überdies in fast jedem Revier vor. Die Schriftgröße spiegelt die Lautstärke.

Am häufigsten hören wir – von beiden Geschlechtern – den *Begrüßungsruf*, einfach weil er sehr laut vorgetragen und häufig wiederholt wird. Während der Balz hören wir ihn den ganzen Tag über und manchmal sogar in der Dunkelheit. Da sitzt vielleicht ein Erpel am Ufer und quakt aus vollem Hals. Er will Aufmerksamkeit erregen. Genau dasselbe beabsichtigt die weiter hinten alleine im Schilf dümpelnde weibliche Ente. Wenn Enten auf einem Gewässer einfallen oder darüber kreisen, melden sich ihre bereits anwesenden Artgenossen mit diesem Laut als Begrüßungsruf. Er signalisiert Sicherheit! Die ersten ein, zwei »Worte« werden besonders laut und intensiv vorgetragen, nach hinten fällt die Stimme zusehends ab. Natürlich rufen manchmal mehrere Erpel oder Enten gleichzeitig, man ruft sich ja schließlich zusammen. Und irgendwie hat der Begrüßungsruf etwas »Proletenhaftes«.

Waaaahk, **Waaahk**, Waahk, Waak, Wak, wak, wak

Wenn Enten sozusagen unter sich sind, etwa die Mutterente mit ihren Jungen, verständigen sie sich gerne mit dem *Kontaktruf*. Das ist sozusagen die schwächere Version des Begrüßungsrufes, quasi für den »Hausgebrauch«. Der Kontaktruf wird nicht nur diskreter vorgetragen, er ist auch kürzer und klingt vertraulicher. Am häufigsten hören wir den Kontaktruf im Sommer und Herbst, jetzt im zeitigen Frühjahr weniger.

Wäähg, wääg, wäg – waahk

Typisch für die Reihzeit ist ein ganz anderer Ruf. Mit ihm drückt die weibliche Ente ein gewisses Unbehagen aus. Sie ruft damit den Partner, wenn ein fremder Erpel in ihrer Nähe einfällt und Anstalten macht, sich ihr zu nähern. Oder wenn sie von Erpeln massiv bedrängt wird. Hin und wieder hören wir ein einzelnes »Waahk«.

Waak – wak – wak .... Waak – Waak – Waak – Waak

Wenn die Ente aus dem Wasser aufsteht, lässt sie den *Signalruf* hören. Und wenn ihr der oder die Erpel folgen quakt sie auch im Flug. Der Ruf beim Aufstehen klingt eher gepresst, was ja auch nicht verwunderlich ist. Schließlich hat die Atmung zur Versorgung des Blutes mit Sauerstoff Vorrang, und der Start ist ein Stück Schwerstarbeit. Hat die Ente Höhe gewonnen, kann sie sozusagen in aller Ruhe rufen. Das hört sich dann fast »gemütlich« an. Der Ruf ist ziemlich gleichbleibend und wird oft lange wiederholt.

Waaak – waaak – waaak – waaak – waaak – waak

Erpel »plärren« ihre Bereitschaft zur Paarung frei heraus. Das soll ja alle Welt hören; die Art- und Geschlechtsgenossen sollen ja nicht im unklaren gelassen werden. Wir wollen diese Lautfolge als Paarungsruf bezeichnen. Häufig ist er vom hinter der Ente schwimmenden Erpel zu hören. Oder während der kurz unterbrochenen Gefiederpflege. Im Aufbau erinnert er an den Begrüßungsruf, klingt aber deutlich tiefer und etwas nasal.

Räääb, Rääb, räb, räb, räb

Eine weitere Lautäußerung des Erpels ist der »Grunzpfiff«. Wie er ist auch das »Palaver« Bestandteil des Balzrituals und nur während der Balz zu hören. Unter Palaver verstehen wir ein halblaut von beiden Partnern vorgetragenes Schnattern. Beide Laute lassen sich kaum in Worten wiedergeben. Das »Räääb« wird auch einzeln oder mit längeren Zwischenpausen vorgetragen.

Herbstliche Treiben

Auf Stillgewässer werden die Enten mehrheitlich im Rahmen von Treibjagden bejagt. Dabei stehen verschossene Patronen zu erlegten Enten oftmals in einem Missverhältnis. Das liegt auch daran, dass mitunter Gewässer getrieben werden, die für diese Jagdart, weil zu groß, einfach ungeeignet sind. Die Enten werden im Schilf hoch, versuchen schnellstens die Gewässermitte und entsprechende Höhe zu gewinnen und rauschen, für jeden verantwortbaren Schrotschuss viel zu weit, davon. In der Hitze des Gefechtes überzieht auch der eine oder andere ansonsten recht besonnene Jäger die maximal verantwortbare Schussentfernung. Ganz abgesehen davon, dass das Schätzen der Entfernung – maximal 35 Meter! – nirgends schwieriger ist als über breitem, offenem Wasser.

Weiher, die deutlich breiter sind als drei Schrotschussweiten, eignen sich, wenn daran nur »Durchschnittsschützen« teilnehmen, nur sehr bedingt zum Treiben! Verfügt das Revier über mehrere Gewässer, ist es zweckmäßig, nur die kleineren Teiche oder Bachläufe abzustellen und die (zu) großen

Wenn im Herbst Gewässer mit breiten Schilfgürteln bejagt werden, sind wirklich zuverlässige Schützen notwendig, die beherrscht und verantwortungsbewusst schießen. Ohne zuverlässige Verlorenbringer ist solche Jagd unverantwortlich.

Teiche »blind« zu treiben, damit die Enten hoch werden. Man lässt ein oder zwei Mann mit dem Boot am Schilf entlang fahren und etliche Hebeschüsse abgeben. Solche Aktionen sind aber nur erfolgreich, wenn sie zu Beginn einer Jagd stehen. Hat es zuvor schon an anderen Weihern gekracht, verlässt ein Gutteil der hochgemachten Enten auf dem schnellsten Weg das Revier. Eine andere Möglichkeit ist die, an den bekannten *»Ausflugschneisen«* großer Weiher absolut zuverlässige Schützen zu konzentrieren und mit den entbehrlichen Flintenträgern schadlos die Landschaft zu dekorieren. Die Ausflugschneisen kennt der aufmerksame Revierinhaber aus vielfacher Beobachtung. Überdies starten die Enten, wenn irgend möglich, gegen den Wind.

Natürlich trägt auch entsprechende Standwahl und Standausbau dazu bei, dass nicht zu weit geschossen wird. Verfasser schob, wo es sich machen ließ, die Stände ein paar Meter ins Schilf hinein. Damit die Schützen festen Boden unter den Sohlen hatten (Voraussetzung für einen sicheren Schuss),

In dieser Haltung lässt sich kaum ein sicherer Schuss anbringen, weil der Schütze nicht richtig mitschwingen kann. Aber im Stehen darf er auf diesem Boot auch nicht schießen, weil die Reling fehlt. Die Unfallverhütungsvorschrift verlangt Schutzvorrichtungen gegen das Kippen des Bootes und das Stürzen des Schützen. Boote haben immer den Nachteil zu schwanken.

wurden vier stabile Pfosten in den Grund getrieben, an der Wasseroberfläche bündig gesägt und jeweils eine Palette aufgelegt und vernagelt. Die
Spalten auf der Palettenoberseite wurden mit Brettstreifen ausgefüllt.
Zusätzlich wurde im Juli/August das Schilf um die Plattform herum mit der
Sense gemäht. Dieses wächst dann noch etwas nach, behindert aber den
Schützen nicht und gibt ihm dennoch ausreichend Deckung. Die Vorteile
solcher Stände liegen auf der Hand: Die Schützen werden von den aufsteigenden Enten nicht so schnell entdeckt, gleichzeitig werden wegen
beschränkter Sicht zu weite Schüsse vermieden.

So ein Stand ist in maximal einer halben Stunde gebaut und hält einige
Jahre. Nachteilig ist, dass abgeschossene Hülsen von den Ejektoren ins Wasser geschleudert werden. So einem Zeit bleibt, kann man die Hülsen zwar
mit der Hand in Empfang nehmen, doch wenn's pressiert wird das meist vergessen. Da bleibt nichts anderes übrig, als nach der Jagd die Stände abklappern und im Wasser herumliegende Hülsen so weit als möglich abzusam-
meln. Am einfachsten geht das mit einer »Angel«, einer Schnur, an die wir
vorne einen kleinen Magneten binden.

Wenige Gesellschaftsjagden statt Dauerstörung

Enten lassen sich auch an relativ bescheidenen Fließgewässern erfolgreich
und konzentriert auf dem Strich bejagen. Am erfolgreichsten ist dabei der
Morgenstrich, einfach weil das Licht zu- statt abnimmt und weil Nachsuchen bei hellem Tag viel einfacher und erfolgreicher sind als in der Abend-
dämmerung und Nacht.

Eine sehr alte Tradition hat der Entenstrich bei der Fürstlich Fürstenberg'-
schen Standesherrschaft in Donaueschingen. Seit über 100 Jahren werden
an der jungen Donau, unterhalb Donaueschingen, immer nur an je einem
Tag im November und einem im Dezember die Enten auf dem Morgenstrich
bejagt. An allen anderen Tagen herrscht Jagdruhe. Bejagt wird ein 10 km
langes Flussstück, das mit knapp 30 überdachten Entenschirmen ausgestattet ist. Morgens um sechs Uhr trifft man sich und sucht, noch ist es Nacht,
die Stände auf. Wer seinen Stand eingenommen hat darf schießen. Die
Schützen stehen im Schnitt 400 Meter auseinander, mal etwas dichter, mal
weiter. So bleibt viel Raum, in dem die Enten auch während der Jagd unbe-
helligt bleiben. Das hat den Vorteil, dass hochgemachte Enten immer wieder
einfallen.

① Tafelente
② Schellente
③ Krickente
④ Schnatterente
⑤ Löffelente
⑥ Spießente
⑦ Stockente
⑧ Reiherente
⑨ Pfeifente

Die Fürstenberger bejagen die Enten seit über 100 Jahren auf dem Morgenstrich im Spätherbst. Überdachte Schirme geben besten Sichtschutz, ohne zu behindern.

Jeder Schütze bekommt eine Standkarte, in der er die von ihm beschossenen Enten eintragen muss. Auf den Brücken sind Helfer mit langen Keschern postiert, die abtreibende erlegte Enten aufnehmen. Die eigentliche Jagd dauert etwa zwei Stunden. Vor sieben Uhr kann man kaum schießen, und um neun Uhr werden die Schützen wieder von ihren Ständen abgeholt. Die Förster nehmen die Standkarten in Empfang, lassen sich erklären, wo Enten ins Schilf oder in angrenzende Felder gefallen sind und besorgen mit ihren Hunden die Nachsuchen. Auf diese Art werden im Jahresdurchschnitt 500 Enten erlegt. Dieses Ergebnis wird ohne Bruthütten, ohne Kirrung und bei 363 Tagen absoluter Jagdruhe erreicht!

Immer wieder ist die Behauptung zu hören, derartige Jagden seien nur in großen, feudalen Eigenjagden möglich. Tatsächlich könnte aber jeder Hegering so jagen, wenn – ja wenn – seine Mitglieder halbwegs solidarisch wären.

Abendeinfall an kleinen Bächen

Was in diesem Abschnitt gesagt wird, steht in gewissem Widerspruch zum Gedanken des gegenseitigen Abstimmens und gemeinsamen Jagens. Aber es ist auch nicht für die »klassischen« Entenreviere gedacht, eher für jene, die nur über bescheidene Wasserflächen verfügen, wo die Jäger nur gelegentlich einmal eine Ente schießen wollen.

Wenn weiter oben etwas generalisierend gesagt wurde, dass die Enten tagsüber auf dem Wasser oder am Ufer ruhen und abends zu den Äsungsplätzen streichen, dann schließt dies nicht aus, dass auch Wasserflächen als Äsungsplätze betrachtet werden. Gerade an jenen Bächen, die den Enten tagsüber kaum Deckung bieten oder starker Störung ausgesetzt sind, werden – wenn sie Nahrung bieten – am Abend gerne angeflogen und in der Frühe wieder verlassen.

Hoch attraktiv sind immer Eicheln, egal ob sie an Land liegen oder im Wasser. Und häufig stehen an Bächen alte, reichlich fruktifizierende Eichen.

Damit ist schon gesagt, wonach der Jäger auf Suche nach einem geeigneten Stand zunächst Ausschau halten wird. Wo es irgend machbar ist wird er den Stand so wählen, dass die Enten möglichst gegen den hellen Westhimmel beschossen werden können.

Doch ganz so einfach ist das heute alles nicht mehr. Viele Regeln, die früher galten, haben an Wert verloren. Schon der Umstand, dass Enten fast überall von der Bevölkerung gefüttert werden, wirft manches Jagdkonzept über den Haufen. Wo den ganzen Tag über altes Brot, Mais, Küchenabfälle und Sonstiges geboten werden, muss die alte Eiche weit draußen in den Wiesen mit ihrem Segen halt etwas warten. Im einen oder anderen Fall lässt sich nachhelfen. Der Verfasser erinnert sich an seine Jugendzeit, wo beim abendlichen Anstehen am Bach häufig der Entenlocker zum Einsatz kam. Hörte man irgendwo weiter unter- oder oberhalb Enten quaken, gab man Antwort und konnte die Enten so zum Zuschwimmen bewegen.

> Kommen mehrere Enten, fliegt meist ein Weibchen an der Spitze, gefolgt von Erpeln. Es ist daher in mehrfacher Hinsicht (z.B. Erpelüberhang) sinnvoll, den vordersten Vogel nicht zu beschießen!

Die Pirsch am Bach

Wo ententrächtige Stillgewässer fehlen, suchen die Jäger gerne die Bäche nach Enten ab. Da gibt es mehrere Möglichkeiten. Eine Variante ist, die Schützen in respektabler Entfernung vom Bach aufzustellen und *gleichzeitig in gebückter Haltung* und möglichst geräuschlos auf den Bach zugehen zu lassen, um sich erst kurz davor zu erheben. Allerdings streichen die Enten dann häufig auf der gegenüberliegenden Seite und abgeschirmt durch die das Ufer säumenden Bäume ab. Dem kann man dadurch vorbeugen, dass auf beiden Seiten Schützen eingesetzt werden, nur bekommt man dann sehr schnell eine Mannschaft zusammen, die in keinem vernünftigen Verhältnis zu den zu erwarteten Enten steht.

Besser ist es, je einen Schützen ober- und unterhalb vorzustellen und die restlichen auf die beiden Seiten zu verteilen. Sie stoßen dann – entweder nach der Uhr oder auf Zuwinken – auf den Bach vor. Stehen im betreffenden Abschnitt keine Enten auf, gehen die Schützen wieder diskret zurück und versuchen es ein Stück weiter ober- oder unterhalb erneut. Sofern dabei hochwerdende Enten bachauf- oder bachabwärts streichen, können sie von den weiträumig vorgestellten Schützen beschossen werden (siehe Zeichnung auf der rechten Seite).

Eine weitere Möglichkeit ist die, auch wieder oben und unten je einen Schützen vorzustellen, während rechts und links je einer am Bach entlang streift. Hierbei muss man flexibel sein und seine Taktik auf das Gelände abstimmen. An naturnahen, noch stark mäandernden Bächen ist es gelegentlich sinnvoll, wenn die beiden Schützen schubweise vorgehen. Das heißt, unter Berücksichtigung des Gewässerverlaufes geht einer bis zu einem fix ausgemachten Punkt vor, während der zweite Schütze zunächst abwartet, um dann nachzuziehen. Ideal ist es, wenn beide Schützen über einen brauchbaren Hund verfügen. Er muss sich ohne Schreien und Pfeifen dirigieren lassen und darf vor allem nicht weit voraus suchen. Die Hundeführer gehen dann nicht selbst direkt am Ufer entlang, sondern können in gewissem Abstand zum Ufer mitziehen oder sich gleich Stück um Stück vorstellen, während die Hunde die Ufer nach Enten absuchen.

Grundsätzlich ist der Schuss auf die aufstehende Ente ungleich leichter als jener auf die in voller Fahrt und meist ziemlich hoch daherkommende. Die beiden Vorstehschützen, am Anfang und am Ende des bejagten Abschnittes, benötigen daher sicher mehr Schießfertigkeit als jene beiden, die am Bach entlang gehen und die Enten hoch machen oder denen diese zumindest mit noch geringer Fahrt kommen. Daran ist bei der Einteilung der Schützen zu denken.

Auch zu zweit kann man erfolgreich Bäche abstreifen, wenn es sein muss mit einer Flinte. Je nach Windverhältnissen und lokaler Situation stellt man sich am Bach einfach vor und lässt einen Helfer vom anderen Ende an diesem entlang laufen. Einen preisgünstigen, leicht einschulbaren und besonders liebenswerten Helfer erhält man durch simple Eheschließung ...

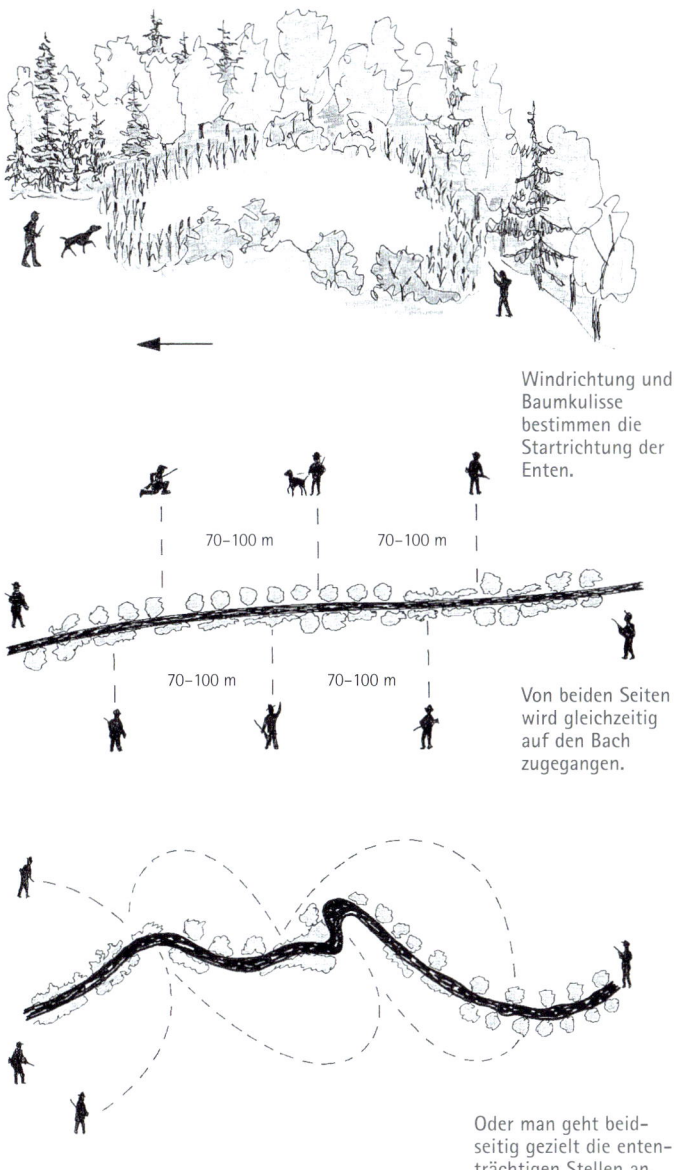

Windrichtung und Baumkulisse bestimmen die Startrichtung der Enten.

70–100 m   70–100 m

70–100 m   70–100 m

Von beiden Seiten wird gleichzeitig auf den Bach zugegangen.

Oder man geht beidseitig gezielt die ententrächtigen Stellen an.

105

Je nach Situation ist aber auch gar kein Helfer erforderlich. Erinnerungen an meine Jungjägerzeit werden wach: Ein um die zehn Meter breiter Wassergraben mitten im Feld, irgendwo am Rande des Nordschwarzwaldes. Das Flachwasser abschnittsweise breit mit Binse und Segge bewachsen, am Ufer immer wieder Erlen, einzeln und gruppenweise. Da lagen die Enten tagsüber fast immer zwischen den Binsen oder zumindest dicht an deren Rand. Aus Erfahrung waren die besten Plätze bekannt. Man ging einfach ohne viel Aufwand mit Tarnen und Täuschen den Uferweg entlang, unterhielt sich, wenn's sein musste mit sich selbst, und gab so den Enten Gelegenheit, sich in die Binsen zu verdrücken. Dort, wo es aus Erfahrung nach Enten roch, schickte man den Hund hinein.

Alleine am kleinen Weiher

Jagt man alleine oder zu zweit an kleineren Weihern ist es wichtig, zunächst den vermutlichen Ausflug der Enten zu erkunden. So mit letzter Gewissheit ist das freilich nicht vorherzusagen, aber es gibt ein paar Grundregeln.

➤ Wenn irgend möglich starten die Enten *gegen den Wind* (der nicht immer weht!). Unser Helfer oder Hund muss folglich an der Leeseite mit der Stöberarbeit beginnen, während wir auf der Luvseite stehen.

➤ Enten starten ungern in Richtung einer Störung (z.B. Landwirte auf dem Feld).

➤ Enten meiden beim Start stark ansteigendes Gelände oder andere Hindernisse, die sie zu steilem Aufstieg zwingen. Liegt unser Weiher in einem Taleinschnitt, werden sie vermutlich in Richtung des Zu- oder Abflusses aufsteigen. Ist der Weiher auf einer oder zwei Seiten von höherem Wald umstellt, versuchen sie in der Regel auf der »unverbauten« Seite abzuhauen. Da kommt die Erinnerung an einen Weiher meines alten Reviers im Allgäu. Dort war genau diese Situation gegeben. Er lag in einer Mulde; südwärts stieg der Wiesenhang an, nordwärts ebenfalls Wiesen und dazu ein Bauernhof. Im Westen stieß er an den Wald, und im Osten umstanden alte Eichen und etliche Fichten den Damm. Im Herbst, wenn der Wind von Osten blies, musste man nur auf einem der Fischerstege kurz vorm Damm Posto fassen und einen Helfer mit Hund vom westlichen Ende her anlaufen lassen. Wohlhabende Zeitgenossen, die neben einer Ehefrau auch noch eine jagdlich brauchbare Freundin besitzen, können selbige, bewaffnet oder auch nur geschminkt, als Abwehrer einsetzen. Abwehrer sollen grundsätzlich nicht zu dicht am Wasser stehen, damit sie von den Enten frühzeitig erkannt werden und diesen noch Zeit zum Abdrehen in die gewünschte Richtung bleibt.

An einen winzig kleinen unterfränkischen Weiher erinnere ich mich noch. Er lag frei im Feld, war nicht mehr als bauchhoch von Seggen und Binsen umstanden und nach Osten hin von einer Reihe hoher Pappeln abgeschirmt. Fast immer stiegen die Enten nach Westen oder Süden auf. Und so waren dem Einzeljäger auch bei mäßiger Schießkunst ein oder zwei der quakend aufsteigenden Vögel fast sicher. Er musste sich nur gebückt und von den Enten unbemerkt auf Schussnähe ans Wasser schleichen, den

Enten äugen sehr gut! Der Jäger muss auf Deckung achten und wirklich ruhig und konzentriert stehen.

Hund schnallen oder ein, zwei größere Steine in die Binsen werfen. Je kleiner das Gewässer, umso lockerer liegen die Enten auf dem Wasser.

Gänse an den Äsungsplätzen

Bei kaum einer anderen Wildart ist die Bejagung so umstritten wie bei den Wildgänsen. Während Landwirte, auf deren Felder ziehende oder überwinternde Gänse einfallen, eine möglichst radikale Jagd und vor allem eine permanente Störung verlangen, mit der die Gänse vertrieben werden sollen, fordern Vogelschützer eine Vollschonung und Ruhezonen. Der Mittelweg, der freilich den Landwirten nicht schmeckt, wäre ein Verzicht auf die Bejagung an den Äsungsplätzen, dafür aber Anstand an den Ufern der Ruhegewässer in der Früh und am Abend.

107

In Norddeutschland treten Ringelgänse in unglaublich großen Flügen auf.

Die Jagd an den Äsungsplätzen ist auf jeden Fall problematisch, weil meist mit der Kugel geschossen werden muss, was heute, angesichts der Landschaftszersiedelung und vielfältigen Landschaftsnutzung, kaum noch zu verantworten ist. Es ist auch nicht recht einzusehen, warum es den Entzug des Jagdscheines rechtfertigt, wenn ich ein Reh 100 Meter von der Fütterung entfernt erlege, hungernde Gänse aber ganz legal direkt auf den Äsungsplätzen!

Das zweite Problem ist, dass oft gar nicht voraussehbar ist, auf welchen Feldern die frühmorgens anstreichenden Gänse einfallen werden. Diese Frage wäre gegenstandslos, wenn Gänsejagden einheitlich – hegeringweit – an wenigen Tagen stattfinden würden, wobei dann alle wichtigen Äsungsplätze zu besetzen wären. Ein solches Vorgehen wäre auch mit dem Tierschutz in Einklang zu bringen, weil die ungestörte Nahrungsaufnahme nur kurzfristig, etwa um ein, zwei Stunden, verzögert würde. Da der Einflug sich kaum über mehr als eine halbe Stunde hinzieht, könnte nach maximal zwei Stunden wieder Ruhe einkehren. Würde ausschließlich nach diesem Prinzip gejagt (und das natürlich *nicht* täglich), hätten die Gänse den »Dreh« sehr schnell heraußen und könnten tagsüber ungestört äsen. Ein solches Vorgehen scheitert an der Uneinigkeit und am Jagdneid der Jäger!

Morgen- und Abendstrich an den Ruhegewässern

Wenn es nicht um die Beruhigung aufgebrachter Landwirte sondern nur um die ideellen Interessen der Jagd geht, würde der Anstand an den Ruhege- wässern während des Morgen- oder Abendstrichs vollauf genügen, wobei ersterem der Vorzug gebührt. Auf dem Abendstrich werden beschossene Gänse oft nicht mehr gefunden, und bis zum Morgen hat gelegentlich der Fuchs die Nachsuche erledigt. Auch schießtechnisch ist der Morgenstrich vorzuziehen.

Wichtig ist die Postierung der Schützen möglichst dicht am Wasser, anson- sten wird häufig auf viel zu hoch fliegende Gänse geschossen. Diese liegen über Nacht meist in der Mitte des Gewässers, stehen bei Tagesanbruch gemeinsam auf und gewinnen schnell an Höhe. Die Stände müssen gut ver- blendet sein. Freistehende Jäger werden auch im Zwielicht erkannt, worauf die Gänse mit lauten Warnrufen ihre Artgenossen alarmieren und abdrehen. Auch wenn der Jäger vor einem Busch oder Baum steht, sollte zusätzlich eine Blende aus Schilf oder anderem Material errichtet werden. Am einfach- sten ist es freilich, wenn ein dichter Schilfgürtel vorhanden ist, hinter dem der Jäger gute Deckung findet. Am besten mäht man ein bis zwei Meter im

Links:
Saatgänse *(Anser fabalis)* sind hochnordische Brutvögel, die aber in großer Zahl in Mittel und Südost-Europa überwin- tern. Sie haben die Größe unserer Graugänse, sind aber dunkler.

Rechts:
Blässgänse *(Anser albifrons)* brüten in den Tundren nördlich des Polarkreises und sind kleiner als Saat- und Graugänse. Die auffäl- lige weiße Schnabelwurzel fehlt bei Jungtieren noch.

Die Zwerggans *(Anser erythropus,* rechts) ist das kleinere Ebenbild der Blässgans. Ihr Brutgebiet reicht bis Mittelschweden herunter. Bei uns kommt sie auch als Wintergast nur selten vor.

Nonnengänse *(Branta leucopsis,* unten) brüten ausschließlich in der Arktis, kommen aber im Winter in großer Zahl an die deutsche Küste. Sie sind kleiner als die Kanadagänse; auffällig ist ihr weißer Bauch und das weiße Gesicht.

Schilf drinnen einen kleinen Stand frei. In Ungarn und im Burgenland waren und sind noch Erdlöcher üblich, die so tief gegraben werden, dass die Schützen etwa bis zur Brust darin verborgen sind. Beim Anflug der Gänse ducken sich die Schützen, um nicht vorzeitig erkannt zu werden. Erst wenn die Vögel auf Schussentfernung heran sind richten sich die Schützen auf und besitzen beim Schießen volle Bewegungsfreiheit. In Amerika, aber auch in vielen guten Wasserwildrevieren Europas, etwa in den Lagunen von Venedig, sind Tonnen üblich, die im Flachwasser eingegraben werden und ebenfalls als Schützenstände dienen.

Der Morgenstrich hält übrigens recht lange an und kann vor allem an warmen Herbsttagen bis gegen Mittag dauern, einfach weil immer wieder Gänse von den Äsungsflächen ans Wasser zurückkehren, um zu trinken. Bei der Jagd am Ruhegewässer ist der Störeffekt am späteren Vormittag vermutlich größer als am frühen Morgen. Es ist sicher nicht im Sinne der Bauern, wenn die Ruheplätze den halben Tag hindurch gestört werden.

RUTSCHKE [1987] rät, unter Hinweis darauf, dass an den Ruhegewässern bejagte Gänse diese bald meiden würden, zur Jagd an den Äsungsplätzen. Natürlich reagieren die Gänse und meiden Gewässer, wenn sie dort ständig beschossen werden. Vielfach ist aber die Auswahl an Schlafgewässern größer als jene an halbwegs ungestörten Äsungsplätzen, so dass die Gänse bei ersteren mehr Wahlmöglichkeit haben als bei letzteren. Letztlich kommt es ja auch darauf an, wie häufig gejagt wird. Ich denke, das sollte der verantwortungsbewusste Jäger von Fall zu Fall entscheiden.

Ein gutes Stück Weidgerechtigkeit wäre verwirklicht, wenn man sich darauf einigen könnte, an klaren Morgen auf die Jagd zu verzichten, weil an solchen die Gänse sehr hoch aufsteigen. Ihre großen Körper verschleiern die tatsächliche Distanz zum Schützen. Es wird – fast immer – viel zu weit geschossen. Manche Jäger bilden sich ein, die zu große Entfernung mit gröberen Schroten ausgleichen zu können. Das ist ein fataler Trugschluss, wie wir im Kapitel über den Schuss schon gesehen haben. Das beste wäre, nur bei Hochnebel zu jagen. Dann fliegen die Gänse tief.

Kanadagänse *(Branta canadensis)* stammen aus Nordamerika. In Skandinavien und Großbritannien gibt es inzwischen jedoch größere wildlebende Populationen. Sie erscheinen im Winter auch an den deutschen Küstengebieten.

Interessant ist in diesem Zusammenhang die Beschränkung der Jagdzeit auf Gänse in Dänemark und Schleswig-Holstein. In Dänemark darf zwar allgemein vom 1.9. bis 31.12. auf Gänse gejagt werden, jedoch nur in der Zeit von $1^1/_2$ Stunden vor Sonnenaufgang bis 11 Uhr vormittags; In Schleswig-Holstein endet die Jagd sogar schon um 10 Uhr. Damit bleibt den bejagten Gänsen immer noch genug Zeit, halbwegs ungestört zu äsen. Ganztägig gejagt werden darf lediglich im Januar auf Kanadagänse und zwar nur am Meer.

Immer wieder: Zu weit und zu grob!

Auch wenn es weiter vorne schon getan wurde, so sei doch nochmals und ausdrücklich auf die Wahl der angemessenen Schrote hingewiesen. Es ist unnötig, mit 3,5 mm starken Schroten zu schießen. Absoluter Unfug ist die Verwendung von 4 mm starken Schroten. Eine Gans, die nicht weiter als 35 Meter entfernt ist, fällt mit 3-mm-Schroten zuverlässiger herunter als mit 4-mm-Schroten! Ist die Entfernung zu groß, produzieren gröbere Schrote in erster Linie krankes und irgendwo veluderndes Wild! Selbst 6er Schrote (2,7 mm) reichen dann aus, *wenn nicht zu weit geschossen wird.* CHURCHILL, der schon weiter oben zitiert wurde, hält 3,2 mm starke Schrote bei der Gänsejagd für die geeignetsten. Der Hinweis auf die harten Schwungfedern führt auch hier in die Irre, denn an gebrochenen Schwingen stirbt keine Gans. Ist auch das Brustgefieder dicht, so wird es doch – verantwortbare Entfernung vorausgesetzt – selbst von 2,5-mm-Schroten problemlos durchschlagen. Verfasser hat damit (im Ausland) nicht wenige Rehe geschossen, die alle im Feuer rollierten, und deren Winterdecken waren nicht weniger »schrotabweisend« als das Brustgefieder einer Wildgans. Der Jäger sollte mit einem kleinen Plastikeimer die Probe aufs Exempel machen. So ein 5-Liter-Eimer kostet kaum mehr als 1,5 €. Sein Boden hat einen Durchmesser von etwa 15 cm und deckt ganz grob den Bereich einer Wildgans, den wir treffen müssen. Wir stülpen die Eimer, einer nach dem anderen, in Gesichtshöhe über einen abgesägten Aststummel und beschießen jeden mit einer anderen Schrotstärke. Mit Sicherheit ist der Plastikboden so hart wie das Gefieder samt Haut einer Gans. Jeder kann dann die durchgeschlagenen Treffer auf dem Boden auszählen. Anschließend wird er wohl oder übel seine bisherige Meinung ändern müssen – oder heucheln.

Klare Tage eignen sich wenig zur Gänsejagd, weil die Vögel dann sehr hoch fliegen und zu weit geschossen wird. An nebligen Tagen fliegen die Gänse tiefer.

Das Ergebnis des Schießens mit groben Schroten auf zu große Entfernung, ein Thema, das in Deutschland weitgehend ignoriert wird, hat man in anderen Ländern sehr gut dokumentiert. MACINNES et al., [1974, zitiert bei KALCHREUTER] fand bei 25% aller von ihm untersuchten Kanadagänse verheilte Schrote. Und bei 28% der Schneegänse fand ANKNEY [1975] ebenfalls Schrote. In Schweden wurden versuchsweise 200 Saatgänse mit der Kugel erlegt [JÖNSSEN et al., 1985]. 62% (!) der mehrjährigen Vögel trugen eingewachsene Schrote mit sich. Doch damit nicht genug. In England wiesen bis zu 44% untersuchter mehrjähriger Grau- und Kurzschnabelgänse Schrote auf.

Da sei gleich auch noch an die Schwäne erinnert. KALCHREUTER verweist auf 272 durch EVANS et al. [1973] in England untersuchten Zwergschwäne, von denen 34% Schrote mittrugen, obwohl diese Art nirgends in Europa gejagt werden darf. Zufall? ANDERSEN-HARILD et al. [1982, ebenfalls zitiert bei KALCHREUTER] fanden in 26% der mehrjährigen Höckerschwäne (die in Dänemark keine Jagdzeit haben) ebenfalls Schrote.

Nochmals: Auf möglichst viele Treffer kommt es an, nicht auf die Eindringtiefe und auf Organzerstörung!

Lust auf Schwan?

In Deutschland gehören Höckerschwäne zum jagdbaren Wild und haben derzeit auch eine Jagdzeit. Ein Teil der Vogelschützer plädiert für eine Reduktion der vielen Schwäne, andere beschwören die Selbstregulation. Die Mehrheit der Jäger spürt wenig Neigung Schwäne zu bejagen, wenngleich sie immer wieder dazu aufgefordert werden. Das ist nicht verwunderlich, denn wo sie es tun erfolgen meist wüste Beschimpfungen durch Tierschützer oder eben Personen, die sich als solche verstehen.

Wenn, dann muss der Jäger äußerst diskret vorgehen, das heißt ohne Zuschauer und nicht im Rahmen von Gesellschaftsjagden. Vielfach ist es schon schwierig, die schweren, fast immer von der Jagd verschonten und damit auch selbstbewussten Vögel in Bewegung zu bringen. Hunde können wir nicht einsetzen, da sie von Schwänen hart attackiert und oft verletzt werden. Eigentlich wäre der Schwan, was seine Körpergröße und die Härte seiner Schwungfedern betrifft, mit der kleinen Kugel im Kaliber .22 Hornet oder .222 Rem. zu schießen. Vor schwächeren Kalibern sei gewarnt! Auf den Kugelschuss sollten wir uns aber nur einlassen, wenn er sich an Land befindet und wir einen zuverlässigen Kugelfang haben. Im Winter fallen Höckerschwäne manchmal ja auch in größerer Zahl auf Saatäckern ein. Dort lassen sie den Jäger eher selten auf Schrotschussentfernung heran kommen.

Am sichersten erlegt werden sie jedoch mit Schrot Nr. 5 (= 3 mm), wenn sie wie üblich niedrig über den Schützen rudern. Doch Achtung: Immer entgegen schießen, nie hinterher! Wahrscheinlich werden die meisten Leser die genannte Schrotstärke als viel zu gering erachten und eher Nr. 1 (= 4 mm) empfehlen. Davor sei gewarnt. Mit groben Schroten kann man Schwäne zwar flugunfähig schießen, aber nur schwer töten. Auf die Deckung kommt es an und darauf, wirklich nicht weiter als maximal 30 Meter zu schießen, 25 Meter sind besser.

Um sich in die Luft zu erheben, müssen Schwäne eine beachtliche Strecke über das Wasser laufen, und sie starten stets gegen den Wind. Es ist also nicht schwer, die richtige Stelle zu finden, von der aus ein sauberer Schuss möglich ist. Am besten wählt man einen nebligen Herbstmorgen, stellt sich alleine oder mit einem Jagdfreund unbemerkt vor und lässt die Schwäne von einem Helfer zum Aufstehen bringen. Genau dies ist, wie bereits angedeutet, das eigentliche Problem. Vorbeischießen kann man einen Schwan kaum.

Schönheit weckt Emotionen... An der Bejagung des Schwans sind daher nur wenige Jäger interessiert.

Eine andere Möglichkeit ist der Ansitz/Anstand auf einem Steg im Schilf oder an einer anderen passenden Stelle. Man wartet, bis die Schwäne vorbei schwimmen und schießt auf kurze Distanz (maximal 20 Meter) entweder von vorne auf die Brust oder mit feinen Schroten auf Hals und Kopf. Was tun mit einem erlegten Schwan? Ganz einfach – essen! Das Rupfen lohnt sich freilich nicht. Verwertbar und lohnend sind nur die beiden Brustmuskel. Einfach auslösen und alles Fett sorgfältig entfernen. Kleingeschnitten werden sie zu Gulasch, am Stück zu vorzüglichem Sauerbraten.

Hunde und Nachsuchen

Welcher Hund?

Es gibt überhaupt keine brauchbaren Rassen, sondern nur brauchbare Hunde, die dann Angehörige dieser oder jener Rasse sind. Trotzdem seien ein paar Einschränkungen erlaubt. Aus dem vegetationsarmen Dorfteich holt auch ein passionierter Dackel die geschossenen Enten, aber wenn er sich erst einmal fünf Meter durchs dichte Schilf kämpfen soll, um überhaupt freies Wasser zu erreichen, ist er einfach überfordert. Erst recht dann, wenn er im Schilf zehn Minuten oder manchmal länger eine geflügelte Ente verfolgen soll, die regelmäßig vor ihm wegtaucht. Auch Verfasser besaß einen roten Kurzhaardackel, der ein regelrechter Wassernarr war und halbstundenlang zwischen Teichrosen, Binsennestern und Schilfbülten herumruderte und hervorragend im Wasser suchte und stöberte. Aber ein Wasserhund, dem es gelang, eine nur leicht kranke Ente zu fangen oder sie (mehr als zufällig) vor die Flinte zu bringen, war er deshalb noch lange nicht.

Schon die Läufe der Terrier' sind recht kurz, wenngleich es sich bei ihnen in der Regel um passionierte Wasserhunde handelt. Das gilt im Grunde auch für die Spaniel, zumindest für die Cocker. Es ist halt die Frage, habe ich selbst größere Wasserflächen im Revier, oder jage ich nur hin und wieder einmal als Gast auf Enten.

In meinem alten Revier wuchsen in den Verlandungszonen der Weiher die Seggen teilweise weit ins Wasser hinein und bildeten im Laufe der Jahre Köpfe, die sich bis zu einem halben Meter übers Wasser heraus hoben. Und zwischen diesen in Hundertschaften wachsenden Seggenköpfen stand das

Aus dem träge dahin rinnenden Bach holt uns auch der passionierte Dackel eine Ente, aber im Schilf sind Hunde mit längeren Läufen und Ausdauer – so wie dieser Deutsch Kurzhaar – ihren kurzläufigen Kollegen deutlich überlegen.

Wasser oft gerade so tief, dass der Terrier schwimmen musste, während jeder hochläufige Hund noch stehen und sogar galoppieren konnte. Blässhühner und manche Enten spielten, auch wenn sie gesund waren, mit dem Terrier in diesen Seggenfeldern Katz und Maus.

Aber vom Wachtel an aufwärts sind eigentlich alle bei uns gebräuchlichen Jagdhunde – was ihre Anatomie betrifft – voll wassertauglich. Während meiner aktiven Zeit bei der Forstverwaltung führte ich etliche Jahre einen Hannoverschen Schweißhund, der – ohne dass es je von ihm verlangt worden wäre – sehr gerne ins Wasser ging, ausdauernd stöberte und recht zuverlässig die erlegten Enten brachte.

Auch die Frage kurz- oder langhaarig ist ziemlich müßig. Langhaarige Hunde eignen sich jedenfalls hervorragend zur Gewässerreinigung … Kurzhaarige Hunde erkälten sich im Winter leichter. Doch ein halbwegs verantwortungsbewusster Jäger schickt seine Hunde ohnehin nicht leichtfertig ins Wasser, wenn außen Minustemperaturen herrschen. Man lässt die Schießerei dann einfach sein, oder man schießt so, dass die Enten aufs Land fallen. Dass der Jäger ein ausreichend großes und saugfähiges Handtuch oder etwas ähnliches dabei hat, mit dem er seinen Hund bei niedrigen Temperaturen nach der Wasserarbeit ordentlich abrubbelt und dass er im Wagen eine Decke für den Hund mitführt, sollte selbstverständlich sein – ist es aber nicht.

Einen Nachteil haben kurzhaarige Hunde: Sie zerschneiden sich im Schilf mitunter Lefzen und Behänge.

Stöbern ohne Enten

Wer mehr will als zufällig ein paar Enten schießen, der braucht einen Hund, der auch ohne Ente in Schilf und tiefem Wasser stöbert. Diese Arbeit wird mit der lebenden Ente als Hilfsmittel der Einarbeitung kaum erreicht, denn sie bietet ja immer ihre Wittrung als Anreiz. In der Praxis weht eine solche dem Hund aber oftmals auch dann *nicht* in die Nase, wenn Enten im Schilf liegen. Er muss also von sich aus auch auf Verdacht freudig ins Wasser gehen und dieses absuchen. Hierzu wird oft gesagt, jeder halbwegs intelligente Hund umschlage zunächst das Schilf, um festzustellen, ob überhaupt Wittrung, beziehungsweise Enten vorhanden sind. Das stimmt zwar, aber nur dort, wo der Hund das Schilf trockenen Fußes umschlagen kann. Vielfach sind Gewässer so groß und der Wind so ungünstig, dass dem Hund gar

Häufig stehen die im Schilf liegenden Enten gleichzeitig auf und versuchen gemeinsam die Schützenlinie zu durchbrechen. Dann gehen manchen Schützen die Nerven durch, und sie schießen auf unsinnige Entfernungen.

nichts anderes übrigbleibt, als ins Wasser zu steigen und sich schwimmend zu informieren. Steht der Wind vom Ufer aufs Wasser hinaus, muss er den inneren Schilfrand abschwimmen.

Voraussetzung für das Stöbern ohne frische Wittrung ist *angeborene Wasserfreude*. Die Schwimmspur einer zuvor eingesetzten Ente, mit deren Brustfedern auch noch ein »Anschuss« markiert wurde, arbeitet auch ein weniger wasserpassionierter Hund, vorausgesetzt, er zeigt genug Interesse am Wild. In der Praxis wird jedoch wesentlich mehr verlangt.

Eine Hilfe, die wir auch später im Ernstfall immer wieder in Anspruch nehmen, ist das Dirigieren des Hundes mit Steinwürfen. Er lernt es schon jung im bewuchsfreien Wasser, wenn er uns dort ein Apportierholz, ein erlegtes Blässhuhn oder eine Ente holen soll. Sein Blickwinkel mit tief im Wasser liegendem Körper ist ein völlig anderer als der unsere. So ist er oft gar nicht

Im Schilf stecken auch gerne die Füchse und werden bei Gesellschaftsjagden dem Entenjäger zum hoch willkommenen »Beifang«.

in der Lage, das Apportierstück zu sehen und dreht daher nach einigem Suchen in die falsche Richtung ab oder will an Land zurückkehren. Die ins Wasser klatschenden, spritzenden und Wellen schlagenden Steine erregen seine Aufmerksamkeit und Neugier; er schwimmt auf sie zu und entdeckt dabei wieder das eigentliche Apportierstück. Mit Steinen also animieren und dirigieren wir ihn auch beim Stöbern ohne Ente. Nur darf diese Übung nicht übertrieben werden, weil jeder halbwegs intelligente Hund schnell begreift, dass an den Einschlagstellen selbst nichts zu finden ist. Stein und Apportierstück gehören unbedingt zusammen, ansonsten wird der Hund das Steinewerfen als Spiel auffassen – und zum Spielen wird niemand gezwungen!

Es ist folglich ratsam, bei der Einarbeitung ein Stück Federwild bereitzuhalten (das muss keine Ente sein), das »windgünstig« und ohne Sicht des Hundes während dessen Arbeit ins Schilf geworfen wird. Er soll gewissermaßen in den Wind schwimmen.

Der Hund als Treiber

Ententreiben sind – schon aus Sicherheitsgründen – immer Standtreiben, und die Hunde werden von den Ständen der Schützen aus geschnallt. Immer wieder erlebt man, dass Jäger sich auf wort- und pfiffreiche Auseinandersetzungen mit ihren Hunden einlassen, weil diese zunächst am umschilften Ufer entlang galoppieren oder suchen, statt sich auf kürzestem Weg ins Wasser zu stürzen. Das mag im einen oder anderen Fall so sein, weil der Hund wenig Liebe fürs Wasser empfindet. Aber gerade ein am Wasser erfahrener Hund mit viel Praxis wird sich zuerst vom Ufer aus Wind holen und erst dort einspringen, wo es sich lohnt. Damit kommt er nicht nur schneller ans Wild heran, er spart auch Kraft für ernsthafte Arbeit.

Dass Hunde am Wasser einzeln arbeiten sollen, versteht sich von selbst, ausgenommen davon sind Hunde, die zusammengehören. An größeren Weihern mit dichtem Schilfgürtel wird zumindest auf jedem dritten Stand ein erfahrener Hund zum Stöbern benötigt.

Mitunter erlebt man, dass sich Enten in der Mitte größerer Teiche »rudeln« und versuchen, die Jagd »auszusitzen«. Wo das der Fall ist, fährt man erst mit dem Boot mittendurch, um die Enten entweder zum Aufstehen oder ins Schilf zu bringen. Während dieser Zeit bleiben die Hunde an Land beziehungsweise bei ihren Führern.

Der Hund als Begleiter

Beim Entenanstand, also auf dem Morgen- oder Abendstrich und beim Angehen von Fließgewässern oder kleinen Tümpeln muss der Hund bei seinem Führer sitzen, beziehungsweise bei Fuß gehen. Tut er es nicht, kann man die Sache vergessen.

Besonders beim Angehen von Bächen, wobei sich der Jäger im letzten Abschnitt oft nur gebückt bewegen kann, um nicht zu früh von den Enten entdeckt zu werden, stören hitzige Hunde ungemein. Oft kann nicht sauber geschossen werden, weil der Hund beim Hochwerden der Enten sofort in die Leine springt.

Auf dem Stand, beim Einfall, muss sich der Hund zuverlässig ablegen lassen. Er darf nicht winseln und vor allem, wenn geschossen wird, nicht eigenmächtig auf- und ins Wasser springen.

Die Nachsuche

Ein Fehler, der bei der Entenjagd immer wieder gemacht wird, ist der, dass sofort mehrere Hunde gleichzeitig geschnallt werden. Sie behindern sich meist gegenseitig. Sie achten auf sich, statt auf die kranke Ente. Sie geben dieser die Chance, immer wieder weg- und vor allem unbeobachtet aufzutauchen. Und sie machen einen Fangschuss oftmals unmöglich!

Grundsätzlich sollte *nur ein Hund geschnallt werden*. Übel ist auch die ständige Bevormundung des Hundes vom Ufer aus. Nichts dagegen, wenn der Führer ihn grob einweist. Aber wenn der Jäger schon meint alles besser zu wissen und seinem Hund ständig »Ratschläge« geben zu müssen, dann soll er halt bei Gott die Socken ausziehen und selbst ins Wasser steigen.

In der Regel, vor allem dann, wenn noch weitere Gewässer bejagt werden sollen, erfolgt die Nachsuche unmittelbar nach dem Abblasen, manchmal sogar noch während des Treibens. Nach unseren Erfahrungen ist der Erfolg größer, wenn man zwischen Schuss und Nachsuche etwas mehr Zeit verstreichen lässt. Das gilt besonders für jene beschossenen Enten, die offensichtlich noch schwimm- und tauchfähig zu Wasser gehen. Viele von ihnen werden bei unverzüglich angesetzter Nachsuche nicht gefunden und gehen verloren. Ist ja auch erklärlich: Schließlich ist das ganze Schilf noch von Geruchspartikel der Enten, Federn, Blässhühnern und Hunden verstänkert; die beschossene Ente selbst steht noch unter Schock und setzt alles daran, sich in Sicherheit zu bringen, sobald sie merkt, dass sie verfolgt wird. Enten sind ja nicht territorial und es ist ihnen völlig einerlei, in welcher Ecke eines Weihers sie Zuflucht finden. Bei spontanen Nachsuchen wird die kranke Ente oft – vom Schützen unbemerkt – weitab von der Stelle gejagt, an der sie im Wasser landete. Der Hund tut sich unheimlich schwer, entfernt sich oftmals – durchaus auf der richtigen Schwimmspur! – vom vermeintlichen Ort der Handlung, wird vom Führer mit guten Ratschlägen bedacht, irritiert, kommandiert und schließlich abgerufen. Man gibt zunächst auf, vertagt die Nachsuche mit »besserem« Hund auf später. Der freilich findet dort, wo man ihn einweist, auch nichts mehr. Wie auch, die Ente wurde ja längst vertrieben, ihre Wittrung vom Wind verweht. Also gibt man endgültig auf.

Lässt man eine offensichtlich krank zu Wasser gegangene Ente jedoch zunächst völlig in Ruhe, wird sie kaum weit schwimmen. Sie bleibt, wo sie ist, vorausgesetzt, sie findet dort ausreichend Deckung. Nach der Jagd, frühestens aber nach zwei Stunden oder, wenn man abends gejagt hat, am anderen Morgen wird die Nachsuche begonnen. Sofern die Ente dann überhaupt noch lebt, wird sie relativ steif sein. Vor allem aber ist sie mit einiger Wahrscheinlichkeit noch dort, wo sie aufs Wasser ging. Die übrigen, jagdbedingten Duftwolken haben sich verzogen. Mag sein, dass inzwischen schon wieder gesunde Enten zurückgekehrt sind, aber sie sind bei unserem Erscheinen genauso schnell wieder weg. Jedenfalls hat es der Hund jetzt bedeutend leichter als unmittelbar nach der Jagd.

Der Jäger wird seinen Hund weder ins eisige Wasser noch auf eine trügerische Eisdecke schicken. Man schießt möglichst so, dass die Enten aufs Land fallen und hält für alle Fälle ein Wurfholz parat, mit dem sich das Wild anlanden lässt.

Überhaupt hat es sich bewährt, am Tag nach einem Ententreiben in kleinstem Kreis Nachschau zu halten. Man sucht die bekanntermaßen kranken Enten und stößt dabei immer wieder auf solche, die nicht bekannt waren. Einfach weil mancher anderenorts nur relativ leicht angeschossene Vogel inzwischen eingefallen ist oder weil nicht jeder Schütze weiß, was er alles angeblei hat. Es spricht auch nichts dagegen, auf solchen Nachsuchen die eine oder andere gesunde Ente, sozusagen nebenbei, mitzunehmen.

Notbehelfe

Nicht immer steht ein Hund zur Verfügung, sei es weil der Jäger gerade keinen besitzt oder weil er krank oder anderweitig unterwegs ist. Auch kann ein vorhandener Hund keineswegs immer eingesetzt werden, erinnert sei an noch zu dünne Eisdecken, auf denen der Hund einbrechen würde oder an Randeisstufen, die der Hund im Wasser schwimmend nicht ersteigen kann und die einen ihm helfenden Jäger nicht tragen. Gelegentlich ist es auch so kalt, dass kein verantwortungsbewusster Jäger seinen Hund ins Wasser lässt, auch wenn dieser gerne möchte. Für solche Situationen hat sich KURT BUSCHENREITER, ein Kärntner Jäger, ein einfaches, aber ganz brauchbares Hilfsmittel konstruiert: Ein *Stück Rundholz*, in der Größe einem Apportierbock entsprechend, in das er rundum etliche längere Nägel geschlagen hat, die am erlegten und auf dem Wasser treibenden Federwild einhängen sollen.

Das Holz wird möglichst nahe hinter das Wild geworfen und mit Hilfe einer langen Schnur an Land gezogen. Dazu gehört sicher etwas Übung, und der am Ufer stehende »Apporteur« muss eventuell seinen Standplatz variieren. Noch besser ist es, zwei Schnüre zu befestigen, an jedem Holzende eine. Dadurch ist es viel leichter möglich, das Holz exakt hinters Wild zu bringen.

Auch mit einer gewöhnlichen Spinnangel und grobem Drillingshaken lässt sich Wasserwild anlanden. Allerdings sollte, wer sich für diese Bringungsmöglichkeit entscheidet, vorher einige Male üben. Routinierte Angler werfen auf maximale Schrotschussentfernung bemerkenswert exakt.

Grundsätzlich sei angeraten, im Zweifelsfalle auf die Jagd zu verzichten oder seinen Stand und Schusswinkel so zu wählen, dass die beschossenen Enten nicht ins Wasser oder Schilf fallen. Ist nämlich letzteres der Fall, helfen weder das Wurfholz noch die Spinnrute mit Drillingshaken.

123

Die Verwertung

Aushakeln – Ausnehmen

Wie bei Flugwild allgemein üblich, wurden Enten früher lediglich ausgehakelt. Meist riss dabei der Darm ab und konnte nicht völlig entfernt werden. Immer blieb der Magen in der Bauchhöhle, samt allen eventuell durch die Schusseinwirkung entstandene Verschmutzung. Diese Methode ist absolut unzureichend. Den Anforderungen der Wildbrethygiene wird nur entsprochen, wenn die Bauchhöhle *von der Kloake bis zum Brustbein geöffnet* und der gesamte Bauchinhalt entfernt wird. Ist die Bauchhöhle mit Gescheideinhalt verschmutzt, spülen wir sie mit klarem Wasser aus und verwenden sauberes Küchenpapier zum Austrocknen.

Das Aushakeln ist zwar nicht direkt verboten, wohl aber indirekt, da wir ja zur Vermeidung der Fleischbeschau unmittelbar nach Erbeutung des Stückes die inneren Organe auf Veränderungen untersuchen müssen. Dies ist jedoch nur möglich, wenn wir alle Organe aus Bauch- und Brusthöhle nehmen.

Keinesfalls darf erlegtes Federwild, etwa im Kofferraum des Autos, aufeinander gelegt werden. Wir müssen es immer so transportieren, dass die Wildkörper auskühlen können. Sofern draußen nicht ohnehin tiefe Temperaturen herrschen, ist das Wild alsbald in einem Kühlraum auf + 4 °C herunterzukühlen.

Federwild darf nur in gerupftem oder gehäutetem Zustand gefrostet werden, nicht im Federkleid!

Links: Aushakeln genügt nicht! Gescheide und Magen müssen komplett entfernt werden. Rechts: Wem das Rupfen zu viel ist, der kann die Enten auch abbalgen.

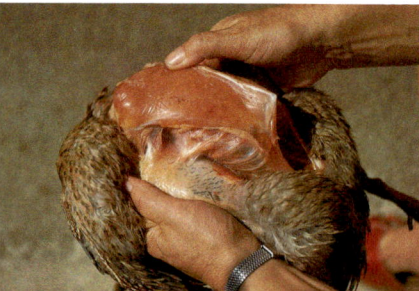

Rupfen oder abbalgen?

Vom heimischen Flugwild sind die Wildenten sicher am schwersten zu rupfen, besonders die im September erlegten, da sie noch nicht voll vermausert
haben. Wer nach einer frühherbstlichen Entenjagd 20 oder mehr Enten
küchenfertig rupfen muss, darf sich bestraft fühlen. Dieser lästigen Arbeit
entgehen heutzutage immer mehr Jäger, indem sie die Enten *abbalgen*. Einfach den Balg rechts und links des Bauchhöhlenschnittes lösen und gegen
den Kopf hin abziehen. Das geht recht einfach und rasch. Allerdings muss
dann der Kunde/Verwerter auf eine goldbraun gebratene Haut verzichten.
Die Anhänger dieser Methode halten entgegen, dass sich gerade im Unter-
hautgewebe Schadstoffe absetzen, die wir besser nicht zu uns nehmen sollten. Unbestritten ist ferner, das der Geschmack der gebratenen Haut stark
von der Qualität des Gewässers abhängt, auf dem sich die Ente vorher auf-
hielt und ernährte. Erinnert sei nur
daran, dass manche Enten mit Vor-
liebe die nahrungsreichen Klärbecken
aufsuchen ...

Egal ob nun gerupft oder abgebalgt,
vor der Verwertung sollten wir unbedingt noch die *Bürzeldrüse entfernen*.
Das in ihr gebildete und gespeicherte
Sekret schmeckt äußerst unangenehm und entwertet das Wildbret.

Man kann einen Wintererpel auch
ausstopfen lassen; wir mögen ihn so
am liebsten ...

... oder nur die Brust auslösen?

An einer gerupften Stockente ist nicht viel dran, an Krick- und Reiherenten
noch viel weniger. Im Grunde sind es nur die beiden Brustmuskeln und eventuell noch die beiden Keulchen, die wirklich Wildbret liefern. Daher verwer-
ten manche Jäger auch nur noch diese Teile – dann meist mit der Haut!
Hierzu genügt es, die Brust zu rupfen, was relativ leicht geht, eventuell noch
die Keulen. Mit dem Messer wird beidseitig des Brustbeins je ein Schnitt
geführt, die beiden Muskel abgespreizt und von den Rippen gelöst. Wer will,
kann anschließend den Vogel noch abbalgen und das fast nackte »Gestell«
für eine Brühe verwenden. Die ausgelösten Brustmuskeln finden auch in der
Gastronomie guten Absatz.

125

Literaturverzeichnis

BERTHOLD, PETER; 1990: Vogelzug, Wissenschaftliche Buchgesellschaft, Darmstadt.

BEZZEL, EINHARD; 1985: Kompendium der Vögel Mitteleuropas, AULA-Verlag, Wiesbaden.

BILY, JIRI; 1990: Jagdliches Schießen, Deutscher Landwirtschaftsverlag, Berlin.

BOCH, JOSEF U. SCHNEIDAWIND, HELMUT; 1988: Krankheiten des jagdbaren Wildes, Verlag Paul Parey, Hamburg.

GEISEL, ODWARD; 1995: Wildkrankheiten erkennen und beurteilen, BLV Verlagsgesellschaft mbH, München.

GOODERS, JOHN, BOYER, TREVOR; 1987: Enten Europas und der nördlichen Hemisphäre, Blanckensteins Verlagsanstalt, München.

HARTIG, GEORG, LUDWIG; 1810: Lehrbuch für Jäger und die es werden wollen, Verlag von J. Neumann, Neudamm.

HESPELER, BRUNO; 1992: Handbuch Reviergestaltung, BLV Verlagsgesellschaft, München.

HESPELER, BRUNO; 1995: Jagd 2000, Nimrod Verlag, Bothel.

HESPELER, BRUNO; 2002: Enten ... und immer wieder zu weit!, Die Pirsch 18/02, München.

KALCHREUTER, HERIBERT; 1987: Wasserwild im Visier, BLV Verlagsgesellschaft, München.

KÖHLER, U. U. P., KROSIGK, E. V., FIRSCHING, URSULA; 1997: Einfluß der Karpfenbewirtschaftung auf die Kapazität des Ismaninger Teichgebiets für mausernde Wasservögel, Ornithologischer Anzeiger 2/3, München.

LANDAU, GEORG; 1849: Die Geschichte der Jagd und der Falknerei in beiden Hessen, Verlag von Theodor Fischer, Kassel.

LINN, SUSANNE; 1992: Gänse über Europa – Bestandstrends und Bewirtschaftung, Die Pirsch 18/91, München.

MÜLLER, FRANZ; 1984: Wildbiologische Informationen für den Jäger, Enke Verlag, Stuttgart.

MÜNCH, CHRISTOPH; 1995: Bleikontamination eines Gießens im Landschaftsschutzgebiet »Rheinauewald Diersheim«, Ortenaukreis (Baden-Württemberg), durch exzessive Kirrjagd auf Wasservögel, Naturschutz am südlichen Oberrhein, Band 1, Heft 1.

PANZER, PETER; 1987: Die Hege der Stockente, Verlag Dieter Hoffmann, Mainz.

REB, WERNER; 2000: Jagdwaffen Praxis, BLV Verlagsgesellschaft, München.

RUTSCHKE, ERICH; 1989: Die Wildenten Europas, VEB Deutscher Landwirtschaftsverlag, Berlin.

SCHULZE, HANS; 1976: Jäger Jagd und Wild, Landbuch-Verlag GmbH, Hannover.

THOR, GUNDULA; 2002: Die Sprache der Enten, Die Pirsch 17/02, München.

WIDMER, PETER; 1998: Hunde verstehen fördern führen, Müller Rüschlikons Verlag AG, Cham.

Stichwort-verzeichnis

Abdichtung 59
Adoption 36
Äsungsplätze 103, 107 ff
Aussetzaktionen 54

Bachläufe 66
Bastarde 52 ff
Bergente 42, 89
Blässhühner 11, 13, 25, 27, 29, 31, 34, 38 ff, 54 ff
Bleikontaminierung 50, 82
Bleischrote 82 ff
Brandente 10, 14, 29, 36, 43
Breitfrontzug 23
Brennnessel 38, 64, 66
Brombeerhecken 67
Bruthütten 38, 44 ff, 70
Brutzeit/Legezeit 33

Choke 76

Dammbau 59
Dottersack 36 ff
Durchlaufteiche 59
Durchschlagskraft 79

Eiderente 13, 17, 20, 39
Eisente 24, 42
Entenfedern 16
Entenlocker 103
Entenstrich 99, 102 ff

Feuerlöschteiche 60, 71
Fischbesatz 62
Fischteiche 72, 87
Fließgewässer 66 ff
Flugformation 23
Flughöhe 24
Fuchs 47
Fütterung 47 ff

Gänse 14, 23, 26, 30, 32 ff, 55, 78, 91, 107 ff
Gefieder/Mauser 16 ff, 20, 29, 86
Gelegegröße 32
Gelegeverluste 38 ff
Geschlechtsreife 27

Gespeiste Teiche 58
Gräben 70 ff
Greifvögel/Eulen 40 ff
Gründelenten 12, 20, 24, 36, 91
Grundwasserteiche 58

Hausenten 45
Himmelsteiche 58
Hochbrutflugenten 52 ff
Hochwasserschuss 60
Höhlenbrüter 35

Insektennahrung 36

Jagdhunde 115 ff

Kaliber (Flinten-) 76
Kirrung 47 ff
Kleingewässer 44 ff
Knäckente 19, 21
Kolbenente 19, 26, 32, 36
Kopfweiden 29, 72 ff
Krähenvögel 39, 41, 44 ff
Krickente 14, 19, 22, 92
Küken Kükenverluste 32, 40 ff
Kurzstreckenzieher 25

Lagergetreide 92 ff
Lebensmittelabfälle 51
Lockenten 93 ff
Löffelente 14, 22, 24, 36
Löffelenten 13, 18

Meerente 42 ff
Mischgelege 32
Mollusken 69
Mönche 59
Moorente 12, 19, 64
Mutterente 86

Nestbau 28
Nestflüchter 38, 47
Nistplatzwahl/-standorte 28, 47, 67

Pfeifenten 13, 18, 21 ff
Pflanzenansiedlung 62
Prädatoren 45, 47, 56
Prägung 36

Ratten 51, 56
Raubfische 40
Reiherente 14, 32, 36, 39, 42, 65

Ruhenest 38

Säger 11, 13, 28, 35, 89
Saisonehe/Dauerehe 25 ff
Samtente 43
Schellente 27 ff, 42, 89
Schilfflächen 63 ff, 109
Schmalfrontzug 23
Schnabeltypen 13
Schnatterente 18, 23
Schrote 76 ff, 111 ff
Schrotgeschwindigkeit 81
Schrotschuss 74
Schussentfernung 74 ff
Schussentfernung 77 ff, 97
Schwäne 14, 17, 23 ff, 30, 34, 36, 55, 113 ff
Schwimmenten 10 ff, 18, 19
Schwimmfähigkeit 15
Schwimmhäute 11
Sitzmöglichkeiten 66 ff
Spießente 18, 22
Stahlschrote 82 ff
Standvögel 21
Stillgewässer 58, 88, 97
Stockenten 13 ff, 18, 24, 28 ff, 32 ff, 49, 54 ff, 68 ff, 74
Strichvögel 21, 25

Tafelente 14, 19, 21, 32
Tauchenten 10 ff, 19, 36, 39, 42
Trauerente 24, 42

Uferlinie 60, 65
Ufervegetation 39 ff, 44, 66 ff
Unterwasserflora 67

Verdauungsapparat 14 ff
Verpaarung 27

Wassersport 57
Weiden 64, 68, 72 ff
Wildverwertung 124 ff

Zugverhalten 20
Zugvögel 21
Zwischenzüge 25

Vom selben Autor bereits erschienen:

Wildschäden heute
Wildschadenserfassung und -bewertung, anwendbar für Deutschland und Österreich, die Schweiz und Südtirol; Wildschäden erkennen, Verursacher bestimmen, Beweise sichern und die richtigen Abwehrmaßnahmen treffen.

BLV Jagdpraxis
Vor und nach dem Schuss
Pflichtlektüre für jeden Jäger: fundiertes Kompaktwissen rund um Kaliber, Abkommen, Schusszeichen und Nachsuche beim Schalenwild – praxisgerecht mit vielen Abbildungen.

Jagdwissen auf einen Blick
Schneller Zugriff auf alle Fakten: das Kompaktwissen auf einen Blick zu allen Jagdbereichen – komprimiert, fundiert und übersichtlich, für den Praktiker ebenso geeignet wie für Jungjäger, Ausbilder und Prüfer.

Rehwild heute
Zeitgemäße Denkmodelle – basierend auf wildbiologischen Erkenntnissen und bewährter Jagdpraxis – zu Lebensraum, Rehwildjagd und -hege; Alternativen zu den herkömmlichen Methoden der Bejagung.

Raubwild heute
Bestandsaufnahme zur Situation der Raubwildarten Mitteleuropas: Biologie, Lebensweise, Verbreitung, Zukunftsperspektiven, Jagdmethoden, Einfluss der Jagd auf die Bestände und vieles mehr.

Hege und Jagd im Jahreslauf
Fundiertes Wissen zu Hege und Jagd – kompakt, präzise und praxisgerecht: alle Revierarbeiten Monat für Monat, konkrete Problemlösungen mit vielen Beispielen.